Dieter Ziethen

Xiangqi

Regeln und Taktik des chinesischen Schachs

2. Auflage

Dieter Ziethen

Xiangqi

Regeln und Taktik des chinesischen Schachs

2. Auflage

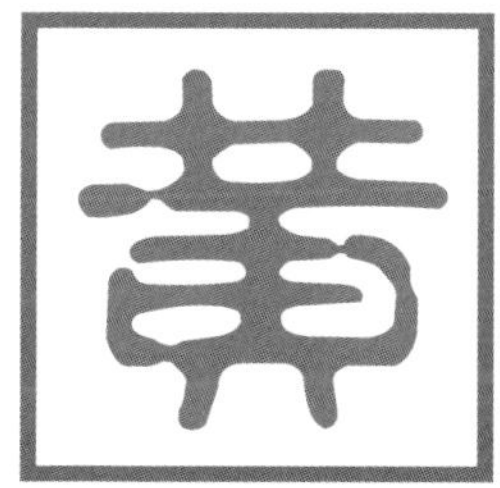

Hefei Huang Verlag

Alle in diesem Buch enthaltenen Informationen wurden nach bestem Wissen zusammengestellt. Dennoch sind Fehler nicht ganz ausgeschlossen. Aus diesem Grund sind die in diesem Buch enthaltenen Informationen mit keiner Verpflichtung oder Garantie in irgendeiner Weise verbunden. Autor und Verlag übernehmen infolgedessen keine Verantwortung und werden keine daraus folgende oder sonstige Haftung übernehmen, die auf irgendeine Art aus der Benutzung dieser Informationen oder Teilen davon entsteht.

Ebensowenig übernehmen Autor und Verlag die Gewähr dafür, dass die beschriebenen Verfahren usw. frei von Schutzrechten Dritter sind. Die Wiedergabe von Gebrauchsnamen, Handelsnamen, Warenbezeichnungen usw. in diesem Werk berechtigt also auch ohne besondere Kennzeichnung nicht zu der Annahme, dass solche Namen im Sinne der Warenzeichnen- und Markenschutzgesetzgebung als frei zu betrachten wären und daher von jedermann benutzt werden dürften.

Bibliografische Information der Deutschen Bibliothek

Die Deutsche Bibliothek verzeichnet diese Publikation in der Deutschen Nationalbibliographie. Detaillierte bibliografische Daten sind im Internet über http://dnb.ddb.de abrufbar.

ISBN 978-3-940497-28-4, 2. Auflage

www.huang-verlag.de

Printed in Germany

Inhaltsverzeichnis

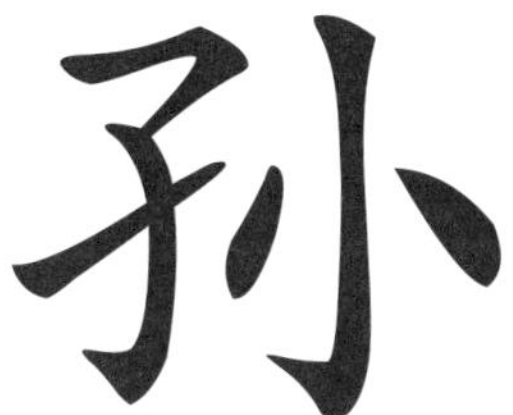

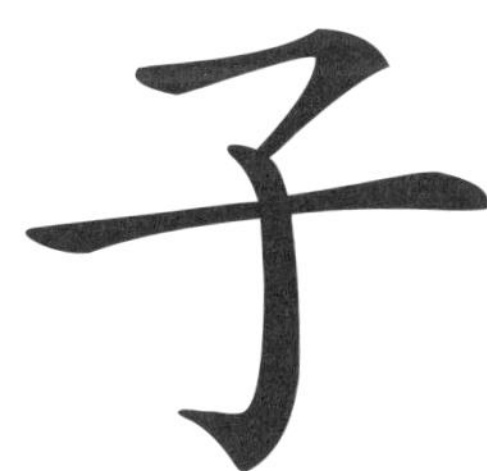

„Analysiere deinen Gegner, um seine Pläne zu erfahren. Betrachte die erfolgreichen Taten genauso wie seine fehlgeschlagenen. Bring ihn zum Handeln, um sein Muster von Bewegung und Innehalten zu erkennen."

Sun Tsu (sūnzǐ, 孙子), 534 bis 453 v. Chr.

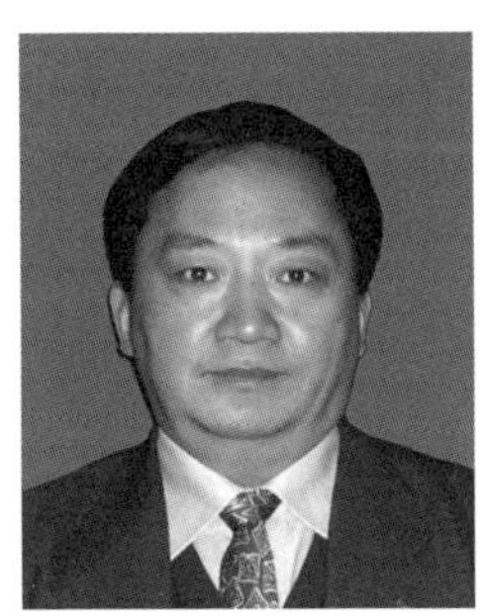

Xú Tiānhóng
(徐天红)
Xiangqi-Großmeister
1989 Chinameister
1993 Weltmeister

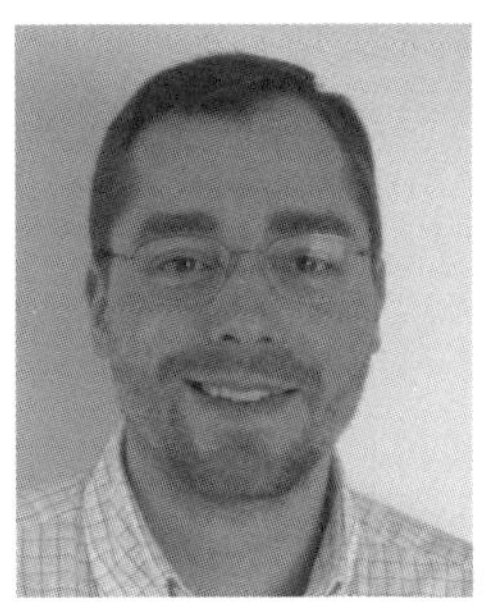

Dieter Ziethen
(迪特)
CAD-Systemingenieur
Buchautor

Vorwort des Großmeisters Xu Tianhong (徐天红)

Das Buch hat das Ziel, das chinesische Xiangqi deutschen Spielanfängern näher zu bringen. Autor ist Dieter Ziethen, von Beruf IT-Systemingenieur. Er hofft, durch das Buch das Spiel einem breiten Publikum zugänglich zu machen. Er selbst war nur per Zufall auf das Spiel gestoßen:

Im Alter von 12 Jahren entdeckte er mit seinem Bruder in einer Zeitschrift einen Artikel über das chinesische Schach. Der Artikel beschrieb das in Deutschland fast unbekannte Spiel, seine Spielregeln und seine Spielfiguren. Dieter Ziethen und sein Bruder waren fasziniert von dem fremden Strategiespiel. Voller Eifer bauten sie einen ersten Prototyp aus Papier. Da sie die chinesischen Schriftzeichen nicht kannten, malten sie die Symbole figürlich: Der Streitwagen war ein großes Speichenrad, die Soldaten und Waffen wurden durch gekreuzte Schwerter symbolisiert, Pferde und Elefanten wurden durch die jeweiligen Tierköpfe dargestellt. Da sie den Papierprototyp als nicht dem Spiel für angemessen empfanden, wurde schon bald ein Spiel aus Holz gebaut. Aber sie hatten nicht viel Geld. Daher dienten als Material für das Spielbrett Holzabfälle aus einer nahegelegenen Schreinerei. Das Spielbrett entstand als aufwändige Holzeinlegearbeit aus dünnem Holzfurnier, das mit dem Messer zugeschnitten und auf ein rechteckiges Holzbrett geklebt wurde. Auf einer Baustelle fanden sie den abgebrochenen Schaft einer Spitzhacke. Den Schaft zersägten sie in dünne Scheiben, auf die sie mit Farbe die oben genannten Bilder malten. Auf diese Weise entstand ein Spiel von unglaublicher Einzigartigkeit, das Dieter Ziethen und sein Bruder oft spielten. Insbesondere dann, wenn es darum ging, auszulosen, wer im Haushalt den Eltern helfen sollte, spielten die beiden Brüder mit dem wertvollen Spiel darum, wer die Aufgabe zu erledigen hatte. Derjenige, der von drei Spielen zwei gewann, war von der jeweiligen Aufgabe befreit.

Am Ende der Schulzeit verließ Dieter Ziethen sein Elternhaus, um zu studieren und in einer fernen Stadt eine Arbeit zu suchen. Zum Abschied spielte er mit seinem Bruder darum, wer das Schachspiel behalten durfte. Sein Bruder gewann, und so blieb das Spiel in den Händen des Bruders. Da die beiden Brüder nur sehr selten zusammen waren, geriet das Spiel in Vergessenheit.

Das änderte sich, als Dieter Ziethen seine jetzige Frau, eine Chinesin, kennenlernte. Damals kaum des Chinesischen mächtig – was er jetzt durch intensives Lernen wett macht – bildete das Spiel eine nichtsprachliche Brücke zu seinem Schwiegervater. Die chinesischen Schriftzeichen des Spiels waren schnell gelernt, und das längst in Vergessenheit geratene Spiel wurde zu einem wichtigen Kommunikationsmittel. Auch der Schwiegervater war begeistert, dass sein Schwiegersohn nicht nur ein wichtiges Stück chinesischer Kultur kannte, sondern sich als ein gleichwertiger Spielgegner herausstellte.

Aus dieser positiven Erfahrung heraus beschloss Dieter Ziethen, auch anderen Deutschen einen Zugang zu dem Spiel zu verschaffen. Er entschloss sich, die Spielfiguren und Spielregeln in einem Xiangqi-Buch für Anfänger zu beschreiben. In dreijähriger Arbeit schrieb er immer wieder an dem Werk, bis es 2010 endlich vollendet war. Auch wenn er mangels Übung nur ein mäßiger Xiangqi-Spieler ist, ist er doch ein sehr guter Pädagoge, dem es gelungen ist, ein übersichtliches und gut strukturiertes Buch über das Xiangqi zu schreiben. Das Buch vermittelt neben der englischen Notation auch die chinesische Schreibung der Spielfiguren und der Spielzüge, so dass man nach dem Studium des Buches in der Lage ist, Spielpartien nachzuspielen, die in Chinesisch aufgezeichnet sind. Es fasziniert Dieter Ziethen immer wieder, wenn er auf einer Chinareise in eine Buchhandlung geht, ein Xianqi-Buch in die Hand nimmt und gewahr wird, dass er die abgedruckten Spielpartien lesen und nachspielen kann. Eine längere Konversation auf Chinesisch ist für ihn noch immer mühsam, aber für eine nonverbale Kommunikation durch eine Xiangqi-Partie ist er immer gerüstet.

Ich habe diese Geschichte gehört und bin sehr berührt. Um das Xiangqi weltweit bekannt zu machen, habe ich ein paar Mal Deutschland besucht. Obwohl ich kein Deutsch spreche, bin ich von dem deutschen Engagement bezüglich Xiangqi sehr beeindruckt. Aus Anlass der 26. Europäischen Xiangqi-Meisterschaft in Deutschland möchte ich gerne dieses Buch allen Xiangqi-Freunden empfehlen.

Xu Tianhong
Xiangqi-Großmeister
1989 Chinameister
1993 Xiangqi-Weltmeister

25. Juni 2010

Übersetzung des Vorwortes:

迪特（Dieter Ziethen）是一位计算机系统工程师，一个正宗的德国人。但是他有一个梦想就是要把中国象棋介绍到德国。希望通过出一本关于象棋的书让更多的德国人了解、认识和喜欢中国象棋。一个德国人怎么会对中国象棋情有独钟呢？

12 岁那年，他和他的弟弟在一本杂志上看到了介绍中国象棋的文章。文章里介绍了这个在当时德国闻所未闻的游戏，并把游戏的规则讲得十分详尽。两个孩子一下被这个充满神奇的游戏所吸引。他们开始自己动手制作棋盘和棋子。不会写中国字，他们就用绘画的形式表示各个棋子，“车”就画一个“车轮”，“士”、“卒”就用剑来代替，“马”、“象”就用这两个动物的头表示。棋子用什么来做呢？他们是孩子，没有钱，于是便在外面四处找合适的小圆木，找到合适的小圆木后又哀求爸爸将它锯成一厘米厚的小圆块，在上面画上图像。就这样制成了一幅没有汉字，但造型独特的中国象棋。这可能是德国诞生的最早的中国象棋了。为了决定谁该帮父母做家务，兄弟俩就常常在棋盘上一决雌雄。三打两胜，输者便乖乖地去做家务。

后来，他们渐渐长大了。迪特要离开父母到外地读大学。谁有权利拥有这幅他们亲手制作的象棋呢？兄弟俩又得为此一战，结果是小他 3 岁的弟弟获胜。所以至今这幅象棋一直保存在弟弟家。后来，兄弟俩很少见面。他们儿时的共同爱好——中国象棋也就只留在了回忆中。

迪特结识了她的中国妻子。当时不会说一句中文的他用下象棋的方式同他的岳父交流。迪特勤奋地学习中文，象棋上的汉字再也不陌生了。岳父对这个德国女婿也甚满意，认为他不仅了解中国的象棋文化，还积极学习棋艺，时常胆敢挑战岳父大人。下棋成了一种很重要的文化交流方式。迪特于是决定将中国象棋介绍给德国人。从三年前开始，他陆陆续续地着手写一本介绍中国象棋的入门书。2010 年这本书终于大功告成。

虽然，迪特的棋艺并非高超，但是他却有着严谨清楚的思维结构和一套很好的传授方法 。这本书不仅对中国象棋的棋盘和棋子制作材料以及各个棋子的角色和走法进行了详细的说明，而且开局、中局及残局的走法做了分析和介绍，每一步都有英文和中文注释。

每次去中国，迪特都要去书店看一看。当他看到一本关于中国象棋的书时，他总是爱不释手，激动得恨不得一下子读完。

虽然，他目前还不可能和中国朋友用中文作较长的交谈，但是，他一旦知道在座的有会下中国象棋的，他一定会同他杀一盘，决不会放过这难得的学习机会。

我听到这个故事后很受感动，由于多年来从事象棋的海外推广，也出访过德国几次，虽然对德文还是一窍不通，但我对德国人对象棋的执着精神深深钦佩。值此第 26 届欧洲象棋锦标赛在德国开赛之际，我愿意将这本书推荐给热爱象棋的德国朋友们！

徐天红
象棋特级大师
1989 年全国象棋个人赛冠军
1993 年第三届世界象棋锦标赛个人冠军
江苏棋院副院长

2010-06-25

Englische Übersetzung:

Xiangqi Grandmaster
Champion of China National Xiangqi Individual Championships in 1989
Champion of The 3rd World Xiangqi Championships in 1993
Deputy Director of Jiangsu Provincial Academy of Chess

Einleitung

Das chinesische Schach ist ein Spiel, das in Deutschland verschiedene Assoziationen hervorruft. Für die einen ist es ein europäisches Schach mit chinesischen Figuren. Für die anderen ist das chinesische Schach etwas Undurchschaubares, fast Mystisches. Für weitere wiederum ist es komplett unbekannt. Ziel des Buches ist es, Transparenz zu schaffen und das Spiel von der technischen sowie kulturellen Seite zu erklären. Denn weder die Sichtweise einer Schachvariante noch die, einen mystischen Kult darin zu sehen, werden dem Spiel gerecht. Auf der einen Seite ist das chinesische Schach ein Spiel, das deutliche Parallelen zu dem europäischen Schach besitzt. Gemeinsame Wurzeln sind unverkennbar. Auf der anderen Seite verbirgt sich mehr dahinter. Denn im chinesischen Schach verbinden sich nicht nur ein Brettspiel mit fernöstlichem Reiz, sondern es erschließt ein Tor zu einer anderen Gedankenwelt: Dem Konfuzianismus, einem Wertesystem, das in Ostasien eine deutliche Verbreitung gefunden hat. Das chinesische Schach ist nicht nur bloß ein Spiel, sondern die Abbildung einer ganzen Gesellschaftsordnung. In seinem Aufbau und seinen Regeln spiegelt sich diese Gesellschaftsordnung vielfach wider. Das Spiel ist dadurch so unterschiedlich von dem europäischen Schach, wie die chinesische Kultur von der europäischen.

Als erster Zugang zu dem chinesischen Schach bietet es sich an, einen Blick in die Geschichte des Schachspiels generell zu werfen. Da es keine eindeutigen Quellen gibt, die den Ursprung des Spiels bezeugen, findet man in der Literatur hierzu verschiedene Meinungen. Viele Indizien sprechen dafür, den Ursprung in Indien zu suchen. Aber auch ein Ursprung in China wird argumentiert.[1]

Sucht man den Ursprung des Schachspiels in Indien, so lässt sich die Historie des Spiels auf das Chaturanga zurückführen. Chaturanga war ein Würfelspiel und ist nach herrschender Meinung der Urahn aller Schachspiele. Durch eine Weiterentwicklung des Chaturanga löste sich das Spiel von seiner Glückskomponente und wurde zu einem Strategiespiel. Chaturanga ist der Vorläufer des Shatranj, der Form, in der das Schach nach Europa gelangte. Shatranj wurde Ende des 6. Jahrhunderts in Persien bekannt. Über Persien verbreitete sich das Spiel in das Oströmische Reich.

---

[1] www.ishipress.com

Durch moslemische Eroberungswellen gelangte das Spiel letztlich im 10. Jahrhundert durch die Mauren auf die iberische Halbinsel. Erste Zeugnisse über das Spiel in Europa liegen in jüdischer Sprache vor, so dass von einer weiteren Verbreitung durch die Juden ausgegangen werden kann. Um 1050 fand das Schach zum ersten Mal Erwähnung in deutschsprachigen mittelhochdeutschen Texten. In den folgenden Jahrhunderten erfolgte eine Verfeinerung des Spiels zu der Version, die wir heute kennen.[2]

In China war das Schachspiel viel früher bekannt. Es gibt mehrere Erwähnungen des Schachspiels in der antiken chinesischen Literatur. Die bedeutendste ist die Schilderung einer Schachpartie im „Shuō Yuàn" (说苑), einer philosophischen Abhandlung von Líu Xiàng (刘向). Das genaue Entstehungsdatum des Textes ist nicht bekannt, aber es kann der Periode der Han-Dynastie (206 v. Chr. bis 220 n. Chr.) zugerechnet werden. Zur Zeit der Song-Dynastie wurden um 1000 n. Chr. die Regeln des modernen chinesischen Schachs fertig gestellt. Während es in Europa immer wieder Erweiterungen und Regeländerungen gab, sind die Regeln des chinesischen Schachs spätestens seit dem 12. Jahrhundert unverändert. In einem Gedicht von Líu Kè Zhuāng (刘克庄, 1187 bis 1269 n. Chr.) ist die früheste vollständige Anleitung festgehalten.[3] Seine Hochblüte erreichte das chinesische Schach im 19. Jahrhundert. Seitdem wird das Spiel in der breiten Bevölkerung gespielt und besitzt in China eine sehr starke Verbreitung. In regelmäßigen Turnieren werden in Städten, Provinzen und Staat Meisterschaften ausgetragen.[4]

Ein zweiter Zugang zum chinesischen Schach erschließt sich über seinen Namen „Xiàngqí" (象棋, gesprochen „chiang tschi"). Übersetzt man Xiàngqí wörtlich ins Deutsche, so wäre „Elefantenbrettspiel" ein treffender Name. Diese wörtliche Übersetzung ist allerdings irreführend. Der Elefant (象, xiàng) ist zwar eine von vielen Spielfiguren des Spiels, ist aber von untergeordneter Bedeutung. Es wäre so, als würde man das europäische Schach als das „Läuferspiel" bezeichnen. Allerdings hat sich diese Übersetzung teilweise im deutschen Sprachgebrauch etabliert, so dass das chinesische Schach auch als „Elefantenschach" bekannt ist. Aus Gründen der begriff-

[2] www.wikipedia.de

[3] 中国象棋入门与提高问答

[4] Webseite des Deutschen Xiangqi Bundes

lichen Klarheit wird in diesem Buch allerdings durchgängig Xiàngqí mit „Chinesischem Schach" übersetzt. Chinesische Schachbücher erklären manchmal den Namen „Xiàngqí" über das Material, aus dem das Spiel ursprünglich hergestellt wurde, nämlich aus Elfenbein.

Der dritte Zugang zum chinesischen Schach geht über den Konfuzianismus selbst. Der Konfuzianismus ist ein philosophisches Wertesystem, das Empfehlungen für das menschliche Zusammenleben vorgibt. Begründet wurde der Konfuzianismus durch Konfuzius. Er lebte voraussichtlich zwischen 551 und 479 v. Chr. Sein chinesischer Name lautet eigentlich „Kŏng Zi" (孔子, gesprochen „kong dse"). Die Endung „us" hat ihren Ursprung darin, dass Jesuiten seine Werke zuerst ins Lateinische übertrugen.[5]

Der Konfuzianismus ist an einer geschlossenen Gesellschaft orientiert. Das bedeutet, dass Rang und soziale Ordnung klar geregelt sind und einem Jeden sein Platz in der Gesellschaft fest vorgegeben ist. Das Wertesystem gibt Richtlinien, wie Personen unterschiedlichen Ranges miteinander umgehen sollten. Ein Rang wird dabei neben dem gesellschaftlichen Status auch von dem Alter einer Person bestimmt. Je älter eine Person ist, desto höher ist ihr Ansehen. Durch dieses Wertesystem war die chinesische Gesellschaft lange Zeit geprägt. Auch in dem nachrevolutionären China der heutigen Zeit ist dieses Denken noch weit verbreitet. Das chinesische Schach spiegelt Elemente des konfuzianistischen Denkens wieder. So wie in einer geschlossenen Gesellschaft bestimmte soziale Schichten nie in Kontakt treten, ist auch der Bewegungsspielraum der Schachfiguren beschränkt. Die Pflicht der niedriger Gestellten ist es, den höher Gestellten zu dienen. Dies bedeutet für einen niedriger Gestellten, zum höher Gestellten zu gehen. Der höher Gestellte kann es sich erlauben, in Ruhe zu verharren. Auch diese Elemente finden sich im chinesischen Spiel wieder und ermöglichen damit eine Dynamik, die das europäische Schach nicht kennt.

Um in das chinesische Schach einzuführen, ist das Buch in fünf Teile gegliedert. Der erste Teil macht den Leser mit den Grundlagen des Spiels vertraut. Es erläutert sämtliche Bestandteile des Spiels und des Spielmaterials. In kleinen Übungsbeispielen wird gleichzeitig die Verwendung der einzelnen Spielfiguren trainiert. Der zweite Teil erklärt die Spieldurchführung. Hierzu gehört, wie ein Spiel begonnen wird und

[5] www.wikipedia.de

wann eine Seite das Spiel gewonnen hat. Zusätzlich wird auf unterschiedliche Notationen eingegangen, um Spielzüge aufzuzeichnen und aufgezeichnete Spiele nachzuvollziehen. Da die meisten Spielbeschreibungen in der chinesischen Literatur vorhanden sind, werden insbesondere die chinesische und die europäisierte chinesische Notation erläutert. Damit ist es möglich, ohne Chinesisch zu beherrschen, chinesische Schachbücher lesen zu können. Der dritte Teil geht auf Spieltaktiken des chinesischen Schachs ein. Es erläutert die Spielphasen des chinesischen Schachs und gibt Hinweise, was in einer Spielphase besonders zu beachten ist. Hierzu gehören Beispiele von Eröffnungen und Tipps für das Mittelspiel. Aber auch eine Zusammenstellung von typischen Situationen im Endspiel darf nicht fehlen. Im vierten Teil wird die Möglichkeit gegeben, über Schachrätsel sein Wissen zu vertiefen und die Fertigkeit zu trainieren, Spielsituationen zu bewerten und zu seinem Vorteil auszunutzen. Im Anhang, dem fünften Teil des Buchs, befindet sich eine Kopiervorlage für Xiangqi-Spielsteine, eine Sammlung von interessanten Webseiten zum chinesischen Schach sowie eine kurze Beschreibung des Deutschen Xiangqi Bunds, einem Verein, der sich dem chinesischen Schach in Deutschland gewidmet hat.

Erster Teil: Spielmaterial

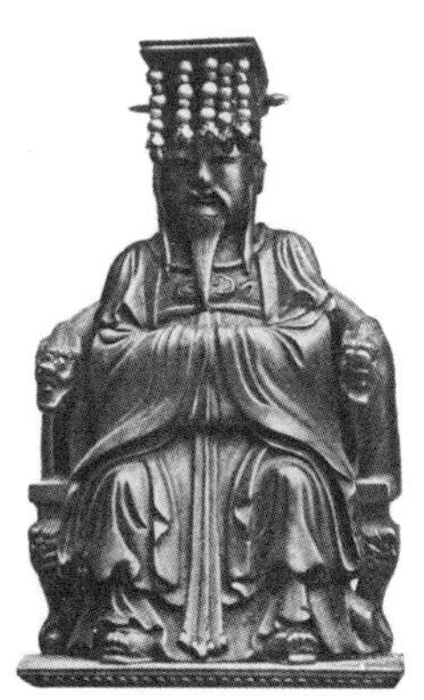

1 Spielmaterial

Das Spielmaterial ist die physische Grundlage des Spiels. Es setzt sich aus einem Spielbrett und Spielfiguren zusammen. Beides dient zur Abbildung der Gedanken und geistigen Ideen der beiden streitenden Parteien. Sie sind die materielle Schnittstelle zweier immaterieller Welten, die nur die Gegenwart anzeigen kann. Die Zukunft liegt noch in den Gedanken verborgen, die Vergangenheit hat nur dann Spuren hinterlassen, sofern Spielfiguren das aktive Spiel verlassen haben. Je tiefer jemand mit dem Spiel vertraut ist, desto vielsagender wird das Spielmaterial. Kennt jemand das Spiel und seine Regeln nicht, kann dieser nur ein Brett mit Spielsteinen sehen, auf die fremde Zeichen gemalt sind. Durch Kenntnis und Erfahrung steigt das Vermögen, die Gegenwart richtig einschätzen und die Zukunft vorhersehen zu können.

Das Spielbrett steckt den Rahmen ab, innerhalb dessen sich der geistige Kampf der zwei Gegner zutragen kann. Es grenzt die unendliche Komplexität eines geistigen Wettstreits auf eine beherrschbare Menge von Kombinationen ein. In Verbindung mit den Spielregeln schafft es eine Grundlage für den Wettstreit, der für beide Seiten als fair angesehen werden kann. Denn der Rahmen ist klar abgegrenzt und innerhalb des Rahmens gelten feste Regeln, die für beide Seiten gleich sind. Nur dadurch ist es möglich, die immateriellen Welten beider Parteien vergleichbar zu machen.

Die Spielfiguren sind das Instrument jeder Seite, im Tanz aus Leere und Stärke den Gegner in eine Situation zu führen, aus der es keinen Ausweg mehr gibt. Eine Situation hat dann keinen Ausweg mehr, wenn die Hauptfigur des Spiels unmittelbar bedroht ist und nicht mehr gerettet werden kann. Mit steigernder Erfahrung im Umgang mit den Spielfiguren können Leere und Stärke gezielt erzeugt oder vorhergesehen werden. Wer die Spielfiguren nicht beherrscht, wird sich seiner eigenen Leere und der Stärke des anderen erst bewusst, wenn das Spiel zu Ende ist.

Dieses Kapitel führt den Leser in das Spielmaterial des chinesischen Schachs ein. Es erklärt das Spielbrett, die Regeln und die Spielfiguren, die sich innerhalb dieses Rahmens bewegen. Es bildet somit die Grundlage, die materielle Schnittstelle des geistigen Wettkampfes zu beherrschen.

1.1 Spielbrett

Das Spielbrett ist ein ebenes Spielfeld, dessen Größe in Knotenpunkten gemessen ist. Es umfasst 90 Knotenpunkte. Auf den Stirnseiten, die den beiden Gegnern zugewandt sind, misst es neun Knoten. In der Längsrichtung misst es zehn Knoten. Die Spielfiguren des Spiels bewegen sich auf diesen Knotenpunkten. Die Knotenpunkte sind durch Linien miteinander verbunden.

Das Spielfeld ist durch einen Fluss in zwei Hälften geteilt (Abbildung 1). Dies- und jenseits des Flusses befinden sich die Gebiete der beiden streitenden Parteien. Der Abstand zwischen den Knotenpunkten ist an dieser Stelle größer. Zwischen den Knoten in der Längsrichtung des Spiels fehlen im Fluss die Verbindungslinien. Dadurch sind die beiden Gebiete deutlich voneinander abgegrenzt.

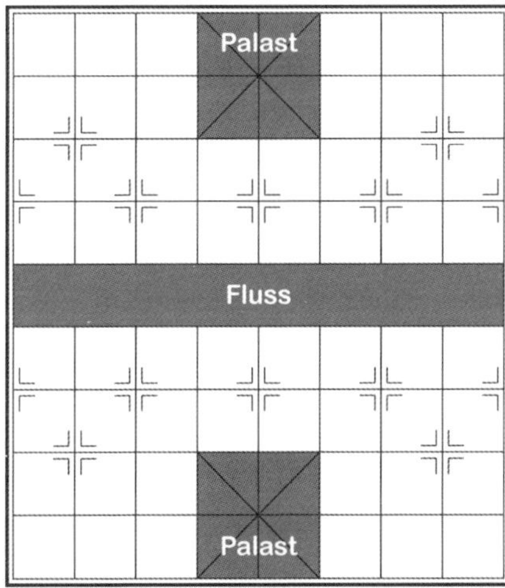

Abbildung 1: Spielbrett

Jedes Gebiet verfügt über einen Bereich von drei mal drei Knoten, der durch diagonale Linien speziell hervorgehoben ist. Dieser Bereich wird als der Palast einer Partei bezeichnet. Dadurch wird das Gebiet einer Seite in Knoten unterteilt, die zum Palast gehören, und in Knoten, die außerhalb des Palastes liegen.

Einige Knotenpunkte außerhalb des Palastes sind mit einer zweiten Linie verstärkt. Diese doppelten Linien dienen zur Markierung, um beim Spielstart die Aufstellung der Spielfiguren zu erleichtern. Spieltechnisch haben sie sonst keine weitere Bedeutung.

Durch die beschriebene Aufteilung des Spielfeldes ergeben sich für jeden Spieler drei Bereiche: der eigene Palast, das eigene Gebiet außerhalb des Palastes und das gegnerische Gebiet. Jeder Bereich ist während des Spiels eigenen Regeln unterworfen. Es gibt Spielfiguren, deren Aktionsradius auf einen Bereich beschränkt ist. Anderen Spielfiguren ist es erlaubt, zwei oder mehrere Bereiche zu betreten.

Um ein Spiel aufzeichnen zu können, sind die Knotenpunkte des Spielbretts durchnummeriert. Für ein aktives Spiel hat diese Nummerierung keine Bedeutung. Die Nummerierung dient zur Orientierung, falls ein Spiel aufgezeichnet oder aufgrund von Aufzeichnungen nachvollzogen werden soll.

Bezüglich der Nummerierung kann generell zwischen der chinesischen und der internationalen Nummerierung unterschieden werden.

1.1.1 Internationale Nummerierung

Bei der internationalen Nummerierung sind die horizontalen Knoten mit lateinischen Buchstaben von a bis i und die vertikalen Knoten mit westlichen Zahlen von 1 bis 10 durchnummeriert. Auf diese Weise ist einem Knotenpunkt immer exakt eine Koordinate aus einem Buchstaben und einer Zahl zugewiesen. Meistens wird anstelle der 10 eine Null verwendet. Ein Beispiel gibt die Abbildung 2.

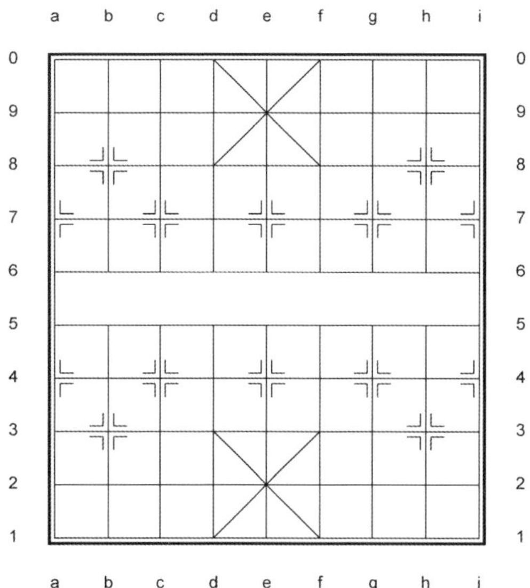

Abbildung 2: Internationales Spielbrett

1.1.2 Chinesische Nummerierung

Bei der chinesischen Nummerierung ist jeweils eine Stirnseite eines Gebietes von rechts nach links mit den Zahlen eins bis neun nummeriert – vom jeweiligen Spieler aus gesehen (Abbildung 3). Die Zählrichtung erklärt sich aus der klassischen chinesischen Schreibweise. Im klassischen chinesischen Stil wird beim Schreiben eines Textes in der rechten oberen Ecke begonnen und spaltenweise nach unten schreibend fortgefahren.

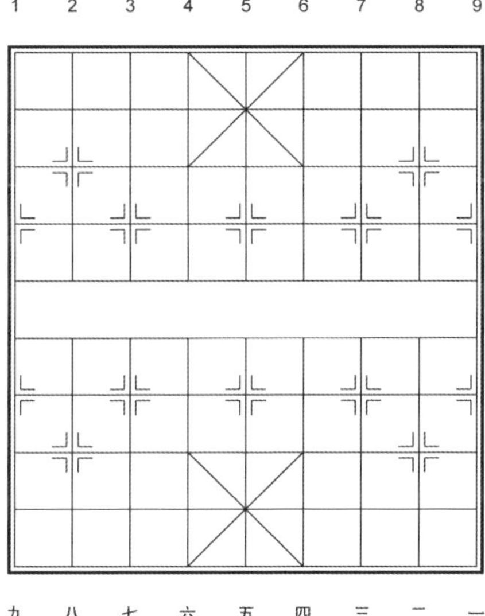

Abbildung 3: Chinesisches Spielbrett

Durch diese Art der Nummerierung ergibt sich eine Notation, die für beide Seiten identisch ist. Niemand bracht umzudenken, wenn die Seiten getauscht werden. Um in einer Aufzeichnung die Spielzüge beider Seiten besser unterscheiden zu können, ist ein Gebiet mit westlichen, das andere Gebiet mit chinesischen Zahlen nummeriert. Eine Gegenüberstellung gibt Tabelle 1.

Westlich	1	2	3	4	5	6	7	8	9
Chinesisch	一	二	三	四	五	六	七	八	九

Tabelle 1: Gegenüberstellung der westlichen und chinesischen Zahlen

Dieses Buch präsentiert das chinesische Schach in seiner asiatischen Form und verwendet daher im Folgenden das chinesische Spielbrett.

1.2 Spielfiguren

Um einen Zugang zu den Spielfiguren des chinesischen Schachs zu erhalten, lohnt es sich, das Weltbild von Konfuzius in seine Gedanken einzubeziehen. Laut Konfuzius ist jeder Person in der Gesellschaft eine feste Rolle zugewiesen, die erfüllt werden muss. Je nach sozialer Schicht können damit Freiheiten oder Einschränkungen verbunden sein. Ein Wechsel zwischen den Schichten ist nicht erwünscht, da es den sozialen Frieden stört.

Entsprechend des konfuzianistischen Weltbilds ist im chinesischen Schach jeder Spielfigur eine klare Rolle zugewiesen, aus der diese während des Spiels nicht ausbrechen darf. Wie äußert sich das? Während im europäischen Schach jede Spielfigur – mit Ausnahme des Bauers – jedes Feld erreichen kann und somit eine potenzielle Offensivfigur ist, sind den Spielfiguren des chinesischen Schachs klare Aufgaben und Bewegungsbeschränkungen zugewiesen. Einige Spielfiguren sind zur reinen Verteidigung der Hauptfigur vorgesehen. Sie dürfen seine unmittelbare Nähe nicht verlassen. Anderen Spielfiguren ist es verboten, die eigene Spielseite zu verlassen. Anderen wiederum ist es bestimmt, nur nach vorne zu stürmen und zu siegen oder zu sterben. Sie dürfen dem Feind nie den Rücken kehren. Eine Rolle, die einmal zugewiesen wurde, darf nicht geändert werden. Entgegen dem europäischen Schach, das einem Bauern erlaubt, durch Tapferkeit im Rang aufzusteigen, wird dieser im chinesischen Schach immer seinen Status behalten. Wie tapfer er auch sein möge.

Dieser Abschnitt führt den Leser in die Spielfiguren des chinesischen Schachs ein. Jede Spielfigur wird dabei aus dem Blickwinkel des kulturellen Kontexts und der Verwendung im Spiel betrachtet. Bei den Figuren, die eine Parallele oder Ähnlichkeit mit dem europäischen Schach haben, wird dabei immer aus europäischer Sicht erklärt und die Unterschiede im Vergleich zum europäischen Spiel erläutert. Um dem Leser eine Orientierung zu ermöglichen, wird im nächsten Abschnitt mit einem Überblick der Spielfiguren begonnen. In den folgenden Abschnitten werden die Figuren Schritt für Schritt erklärt und deren Verwendung mit kleinen Übungsaufgaben trainiert.

1.2.1 Überblick

Die Spielfiguren des chinesischen Schachs sind in zwei Gruppen eingeteilt – die Roten und die Schwarzen. Jede Spielpartei spielt mit Spielfiguren einer Farbe. Einzelne Spielfiguren sind über Schriftzeichen gekennzeichnet. Da die chinesischen Schriftzeichen zugleich als Symbole verwendet werden können, kommt das chinesische Schach ohne eine Symbolsprache aus, wie sie das europäische Schach kennt. Denn ein Schriftzeichen ist zugleich ein Piktogramm für eine Spielfigur.

Aus der Historie des chinesischen Schachs hat sich ergeben, spieltechnisch identische Spielfiguren der roten und schwarzen Seite teilweise mit unterschiedlichen Namen zu bezeichnen. Diese Tatsache bringt für einen europäischen Spieler eine Komplikation, die das europäische Schach nicht kennt. Da die chinesische Schrift eine Bilderschrift ist, werden verschiedene Worte auch mit unterschiedlichen Bildern ausgedrückt. Dadurch erhöht sich scheinbar die Anzahl unterschiedlicher Spielfiguren. Es können jedoch immer Pärchen spieltechnisch gleicher Spielfiguren gebildet werden.

Aus spieltechnischer Sicht sind insgesamt sieben Spielfiguren zu unterscheiden: Befehlshaber oder General, Beamter oder Leibwache, Minister oder Elefant, Pferd, Wagen, Kanone und Waffe oder Soldat (Tabelle 2).

Rote Seite		**Schwarze Seite**		**Europäisches Schach**	
Name	**Symbol**	**Name**	**Symbol**	**Name**	**Symbol**
Befehlshaber	帥	General	將	König	♔
kein Analogon		kein Analogon		Dame	♕
Beamter	仕	Leibwache	士	kein Analogon	
Minister	相	Elefant	象	Läufer	♗
Pferd	馬	Pferd	馬	Springer	♘
Wagen	車	Wagen	車	Turm	♖
Kanone	炮	Kanone	炮	kein Analogon	
Waffe	兵	Soldat	卒	Bauer	♙

Tabelle 2: Überblick der Spielfiguren

Der Befehlshaber (帥) und der General (將) sind die Hauptfiguren des Spiels. Sie sind mit dem König (♔) des europäischen Schachs vergleichbar. Ist die Hauptfigur einer Seite bedroht und kann nicht weichen, ist das Spiel verloren.

Die Beamten (仕) und Leibwachen (士) sind Spielfiguren, deren Zweck es ist, den Befehlshaber oder General zu schützen. Im europäischen Schach gibt es keine Figur, die unmittelbar mit ihnen verglichen werden kann. Eine sehr weite Verwandtschaft mit der Dame (♕) des europäischen Schachs wäre denkbar.

Die Minister (相) und Elefanten (象) sind reine Defensivfiguren. Ihre Aufgabe ist es, das eigene Gebiet diesseits des Flusses zu schützen. Spieltechnisch ist ein Analogon mit den Läufern (♗) des europäischen Schachs zu erkennen. In manchen Texten werden die Minister und Elefanten auch als Berater bezeichnet.

Die Pferde (馬) sind Spielfiguren, die den Springern (♘) des europäischen Schachs sehr ähnlich sind. Im Gegensatz zum europäischen Schach können sie allerdings blockiert werden, was die Komplexität der Spielfigur im chinesischen Schach erhöht.

Die Wagen (車) sind die einzigen Spielfiguren, die eine identische Abbildung im europäischen Schach besitzen. Sie sind bezüglich Zugweise und Einsatz identisch mit den Türmen (♖).

Die Kanonen (炮) des chinesischen Schachs sind eine Besonderheit, die das europäische Schach nicht kennt. Sie zeichnen sich dadurch aus, über weite Distanz und andere Figuren hinweg gegnerische Spielfiguren schlagen zu können. Sie bringen dem chinesischen Schach eine Dynamik, die bei einer Unachtsamkeit eine Wendung des Spiels bringen kann, selbst wenn sich eine Seite in der Minderzahl befindet.

Die Waffen (兵) und Soldaten (卒) des chinesischen Schachs sind die Bauern (♙) des europäischen. Ihre Zugweise weicht allerdings vom europäischen Schach ab. Sie sind generell in ihrer Bewegung flexibler. Dadurch verändert sich insbesondere ihre Verwendung im Endspiel.

In den folgenden Abschnitten werden die Spielfiguren im Detail betrachtet und ihre Aufstellung und Verwendung im Spiel erläutert.

1.2.2 Befehlshaber und General

Der Befehlshaber (帥) und der General (將) sind die Hauptfiguren des Spiels (Abbildung 4). Jede der beiden Hauptfiguren nimmt eine besondere Rolle im Spiel ein. Durch sie wird bestimmt, welche Seite gewonnen oder verloren hat. Jede Seite versucht, die Hauptfigur des anderen so zu bedrohen, dass diese nicht mehr ausweichen kann. Besteht keine Möglichkeit mehr, einer Bedrohung zu entweichen, hat der entsprechende Spieler verloren. In dieser Verwendung entspricht die Hauptfigur dem König (♔) des europäischen Schachs.

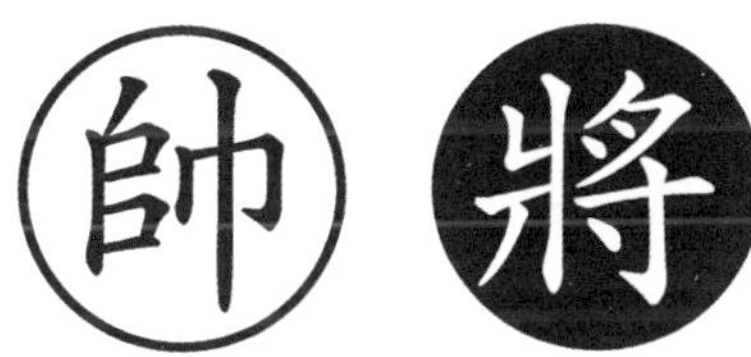

Abbildung 4: Spielsteine für Befehlshaber und General

Die Hauptfigur der roten Seite ist der Befehlshaber (帥). Er wird auf Chinesisch als „shuài“ (帥, gesprochen „schuai“) bezeichnet. Da sich die chinesischen Schriftzeichen im Laufe der Geschichte mehrfach geändert haben, kann einem Schachspieler das Schriftzeichen für den Befehlshaber in der alten Langform (帥) oder der neuen Kurzform (帅) begegnen. Da sich auf den meisten Spielsteinen die Langform erhalten hat, verwendet dieses Buch die Langform (帥).

Die Hauptfigur der schwarzen Seite ist der General (將). Seine chinesische Bezeichnung lautet „jiàng“ (將, gesprochen „dschjiang“). Auch hier ist auf Spielsteinen unterschiedlicher Schachspiele entweder die Langform (將) oder die Kurzform (将) anzutreffen. Gebräuchlich ist im chinesischen Schach häufig die Langform (將).

Einen Überblick über die Symbole beider Seiten und ihre Veränderungen im Laufe der Geschichte gibt Tabelle 3.

Seite	Deutsch	Chinesisch	Schriftzeichen
Rot	Befehlshaber	shuài	帥 → 帥 → 帥 → 帅
Schwarz	General	jiàng	將 → 将 → 將 → 将

Tabelle 3: Schriftzeichen für Befehlshaber und General

Der Befehlshaber (帥) wie auch der General (將) nehmen in der Hierarchie des Schachspiels die höchste Position ein. Entsprechend der konfuzianistischen Sichtweise agieren diese Spielfiguren daher sehr statisch. Ihnen ist ein spezielles Gebiet zugewiesen, in dem sie sich bewegen dürfen: Der Palast der eigenen Seite (Abschnitt 1.1). Eine Übersicht der Felder, die betreten werden können, geben die weißen und grauen Kreise in Abbildung 5.

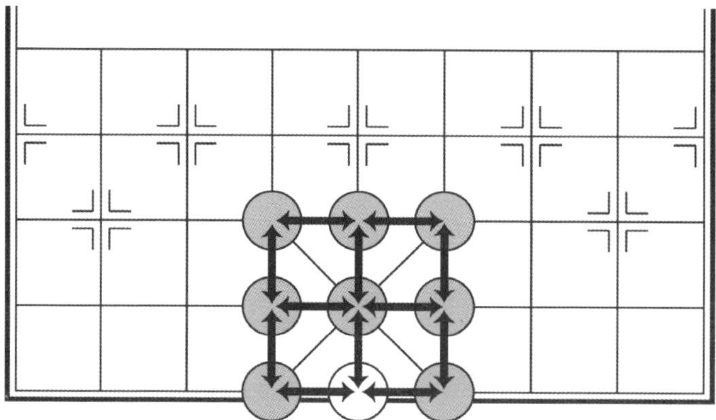

Abbildung 5: Bewegungsraum für Befehlshaber (帥) und General (將)

Befehlshaber (帥) und General (將) sind innerhalb des Palastes keinen räumlichen Beschränkungen unterworfen. Ihnen sind alle Zimmer des Palastes zugänglich. Auch die Räume, zu welchen Bedienstete des Palastes keinen Zugang haben. Um eine Trennung zu den Bediensteten des Palastes zu wahren, bewegen sich Befehlshaber (帥) und General (將) innerhalb des Palastes nur horizontal oder vertikal. Innerhalb eines Spielzugs dürfen sie sich nur jeweils um ein Feld bewegen. Die schwarzen Pfeile in Abbildung 5 deuten an, wie sich Befehlshaber (帥) und General (將) im Palast bewegen können.

Die Startposition zu Beginn des Spiels von Befehlshaber (帥) und General (將) ist das mittlere Feld in der Reihe des Palastes, die dem Spieler am nächsten liegt. Die Startposition ist in Abbildung 5 durch einen weißen Kreis markiert.

Ist eine feindliche Spielfigur in den Palast eingedrungen, so dürfen der Befehlshaber (帥) und der General (將), sofern die Möglichkeit dazu besteht, durch einen Spielzug auf das besetzte Feld die feindliche Figur schlagen.

Durch die Beschränkung der Bewegung auf den eigenen Palast können sich Befehlshaber (帥) und General (將) innerhalb eines Spiels nie direkt begegnen. Dennoch ist die Macht der beiden Hauptfiguren nicht nur auf den eigenen Palast begrenzt. Es gibt eine Regel, die eine Interaktion zwischen beiden Hauptfiguren zulässt: Befehlshaber (帥) und General (將) dürfen nie in einem direkten Blickkontakt stehen. Wenn beide Spielfiguren in einer selben Spalte des Schachbretts stehen, muss also immer eine eigene oder feindliche Spielfigur zwischen ihnen stehen.

Kurz und bündig:

- Bewegung immer um einen Schritt horizontal oder vertikal
- Aufenthalt nur im eigenen Palast
- Kein direkter Sichtkontakt zwischen Befehlshaber (帥) und General (將)

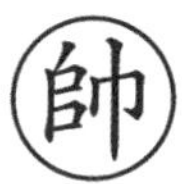

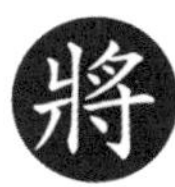

Übung 1:

Bitte identifizieren Sie den Befehlshaber und den General.

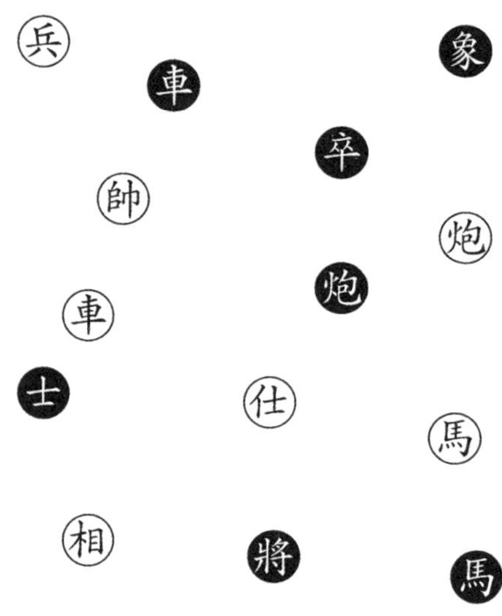

Übung 2:

Auf welche Felder kann der General (將) ziehen?

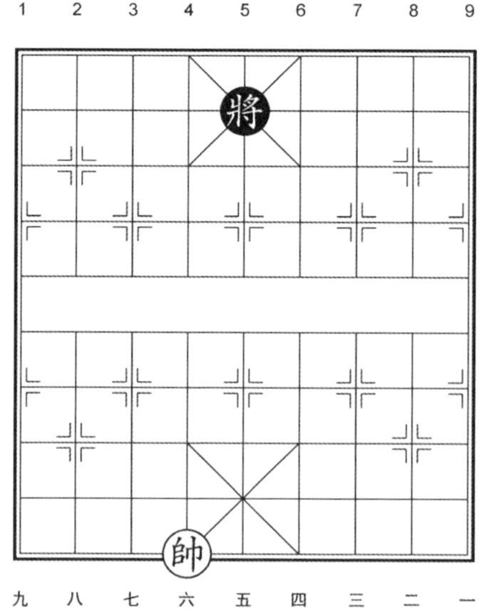

Übung 3:

Betrachten Sie den Befehlshaber (帥) und den General (將). Ist diese Spielsituation erlaubt?

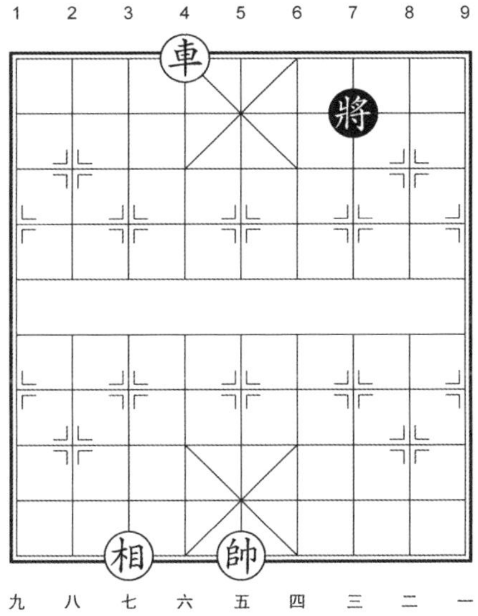

Übung 4:

Sie kennen viele Spielsteine noch nicht. Betrachten Sie nur den Befehlshaber (帥) und den General (將). Ist diese Spielsituation erlaubt?

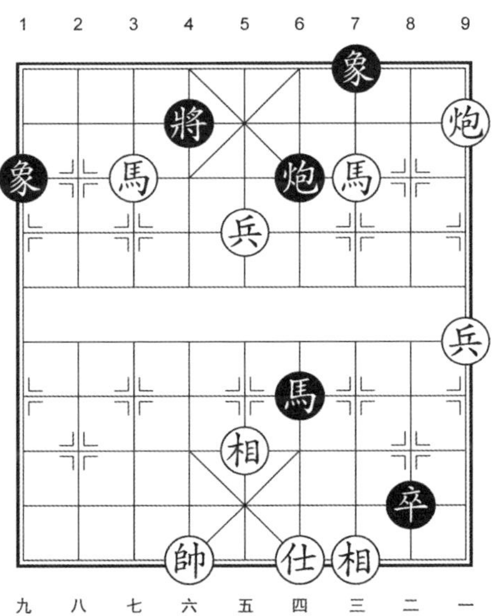

Lösung 1

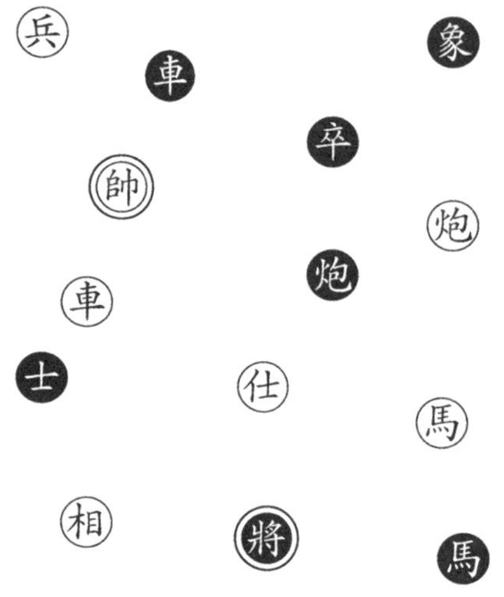

Lösung 2

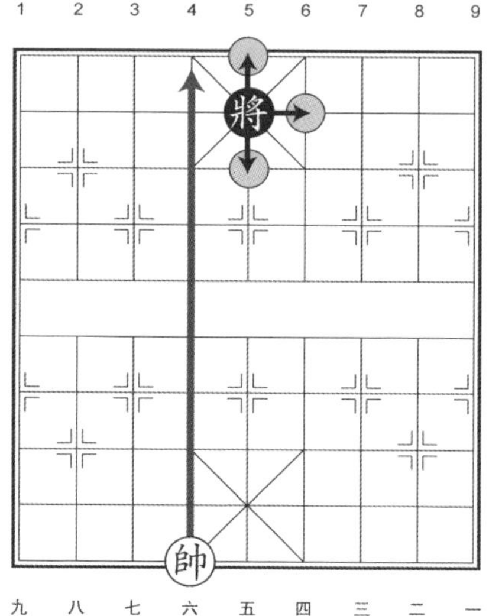

Der General (將) kann nicht nach links gehen, da er sonst direkten Blickkontakt mit dem Befehlshaber (帥) hätte.

Lösung 3

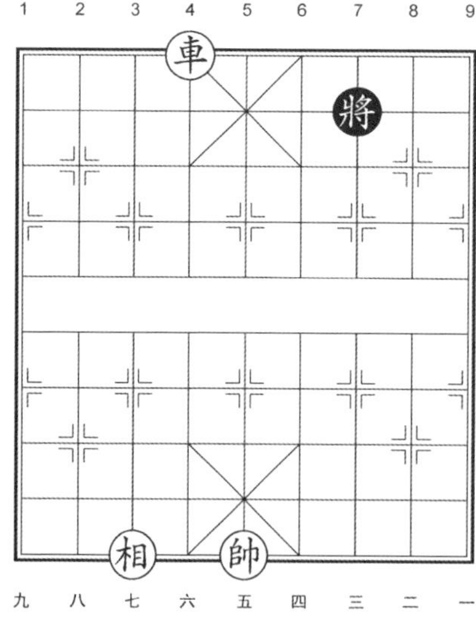

Die Spielsituation kann nicht vorkommen, da sich der General (將) außerhalb des Palastes befindet.

Lösung 4

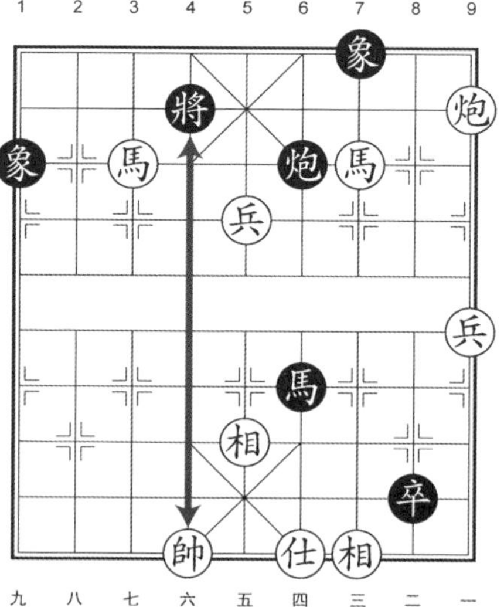

Die Spielsituation ist verboten, da Befehlshaber (帥) und General (將) direkten Blickkontakt haben.

1.2.3 Beamter und Leibwache

Beamter (仕) und Leibwache (士) sind Defensivfiguren (Abbildung 6), deren Aufgabe es ist, den Befehlshaber (帥) oder General (將) zu schützen. In der Literatur findet man als Bezeichnung für den Beamten (仕) und die Leibwache (士) häufig auch die Begriffe „Mandarin“ oder „Berater“. Diese Bezeichnungen sind aus der Historie entstanden und spiegeln die europäische Sichtweise des chinesischen Hofstaats wider. Um möglichst nahe an der chinesischen Interpretation der Spielfiguren zu bleiben, wird im Folgenden die wörtliche Übersetzung der Schriftzeichen verwendet. Beamter (仕) und Leibwache (士) haben kein direktes Analogon zum europäischen Schach. In einer freien Anlehnung an ihre Zugweise könnten die beiden Spielfiguren als das entfernte Gegenstück zur Dame (♕) gesehen werden. Allerdings verfügt im chinesischen Schach jede Seite über zwei Beamte (仕) beziehungsweise zwei Leibwachen (士).

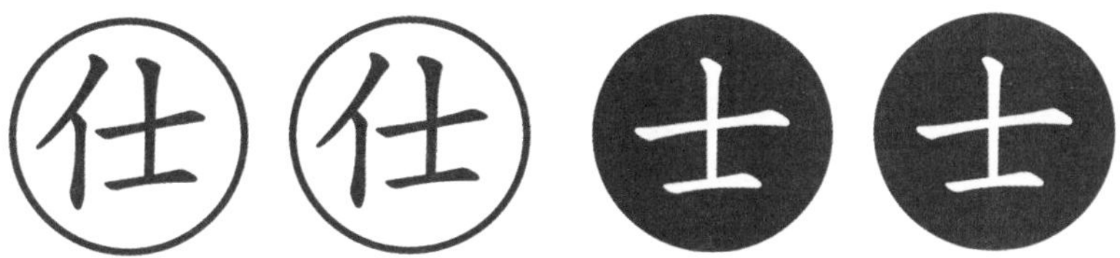

Abbildung 6: Spielsteine für Beamte und Leibwachen

Die beiden Defensivfiguren der roten Seite sind die Beamten (仕). Ihr Name lautet auf Chinesisch „shì“ (仕, gesprochen „schrrr“). Sie verkörpern ein sehr wesentliches Element der kaiserlichen Regierung, die sich zur Abbildung ihres Regierungsapparates einer Beamtenstruktur bediente. Da das Schriftzeichen im Laufe der chinesischen Geschichte schnell eine vereinfachte Form gefunden hatte, sind Kurz- und Langzeichen dieser Spielfigur identisch.

Das Gegenstück der Beamten (仕) sind auf der schwarzen Seite die Leibwachen (士). Sie werden auf Chinesisch als „shì“ (士, gesprochen „schrrr“) bezeichnet. Ihre Aussprache ist damit identisch derjenigen der Beamten (仕). Für jemanden, der noch keinen Kontakt mit der chinesischen Sprache hatte, mag das befremdlich sein. Schließlich haben beide Spielsteine einen unterschiedlichen Namen und eine andere Übersetzung. Allerdings ist es ein Merkmal der chinesischen Sprache, dass sehr viele Worte gleich gesprochen werden und erst über den Kontext ihre Bedeutung erfahren.

In der Schriftsprache können die Worte allerdings eindeutig über ihr Zeichen auseinandergehalten werden. Wer sich dies über ein Analogon im Deutschen verdeutlichen möchte, kann an die Worte „Ton“ für Klang und „Ton“ für eine Erdsorte denken. Einen Überblick über die Symbole beider Seiten und ihre Veränderungen im Laufe der Geschichte gibt Tabelle 4.

Seite	**Deutsch**	**Chinesisch**	**Schriftzeichen**
Rot	Beamter	shì	仕 → 仕 → 仕
Schwarz	Leibwache	shì	士 → 士 → 士

Tabelle 4: Schriftzeichen für Beamte und Leibwachen

Die Aufgabe der Beamten (仕) und Leibwachen (士) ist es, dem Befehlshaber (帥) oder General (將) zu dienen und ihn zu beschützen. Um dieser Aufgabe nachzukommen, ist es ihre Pflicht, immer in deren Nähe zu sein. Sie dürfen daher den Palast der eigenen Seite (Abschnitt 1.1) nicht verlassen. Im Gegensatz zum Befehlshaber (帥) und General (將) ist ihre Bewegungsfreiheit im Palast allerdings eingeschränkt. Ihnen sind nicht alle Räume des Palastes zugänglich. Eine Übersicht der Felder, die betreten werden können, geben die weißen und grauen Kreise in Abbildung 7.

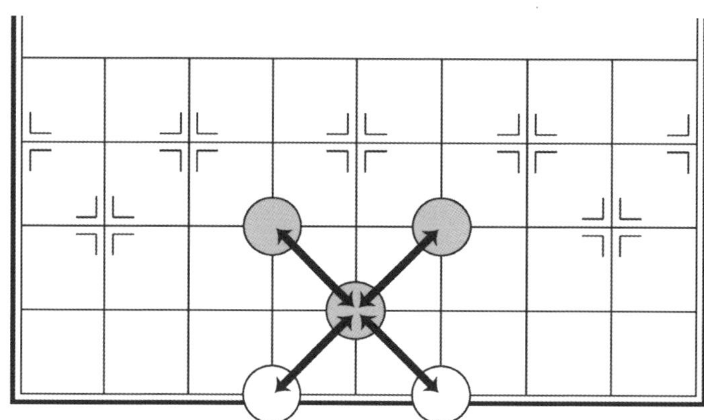

Abbildung 7: Bewegungsraum für Beamte (仕) und Leibwachen (士)

Um den beschränkten Zutritt zu Räumen des Palastes abzubilden, bewegen sich Beamte (仕) und Leibwachen (士) nur diagonal. Innerhalb eines Spielzugs dürfen sie sich nur jeweils um ein Feld bewegen. Die schwarzen Pfeile in Abbildung 7 deuten an, wie sich Beamte (仕) und Leibwachen (士) im Palast bewegen können.

Die Startpositionen zu Beginn des Spiels von Beamten (仕) und Leibwachen (士) sind die beiden Felder rechts und links von Befehlshaber (帥) und General (將). Die Startpositionen sind in Abbildung 7 durch zwei weiße Kreise markiert.

Ist eine feindliche Spielfigur in den Palast eingedrungen, so dürfen Beamte (仕) und Leibwachen (士), sofern die Möglichkeit dazu besteht, durch einen Spielzug auf das besetzte Feld die feindliche Figur schlagen.

Kurz und bündig:

- Bewegung immer um einen Schritt diagonal
- Aufenthalt nur im eigenen Palast

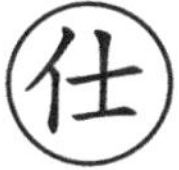

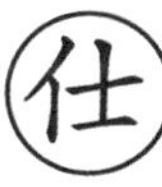

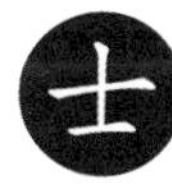

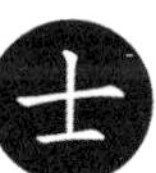

Übung 5:

Bitte identifizieren Sie alle Beamten und Leibwachen.

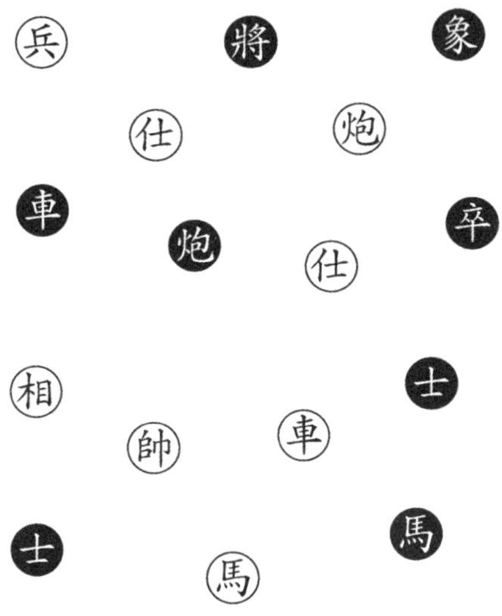

Übung 6:

Rot ist am Zug. Auf welche Felder können die Beamten (仕) ziehen?

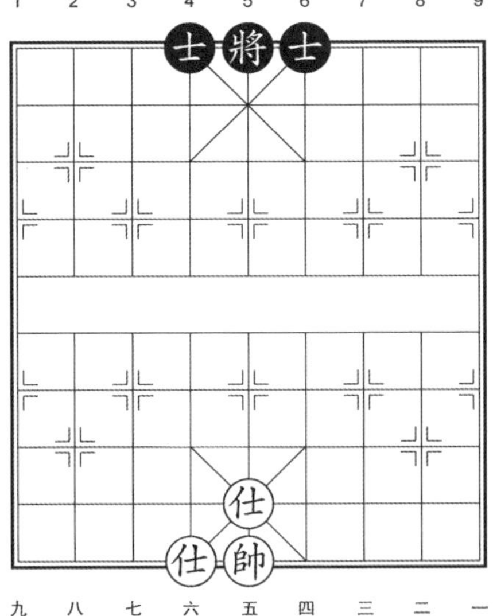

Übung 7:

Sie kennen noch nicht alle Spielsteine, aber betrachten Sie die Beamten (仕) und Leibwachen (士). Ist diese Spielsituation erlaubt?

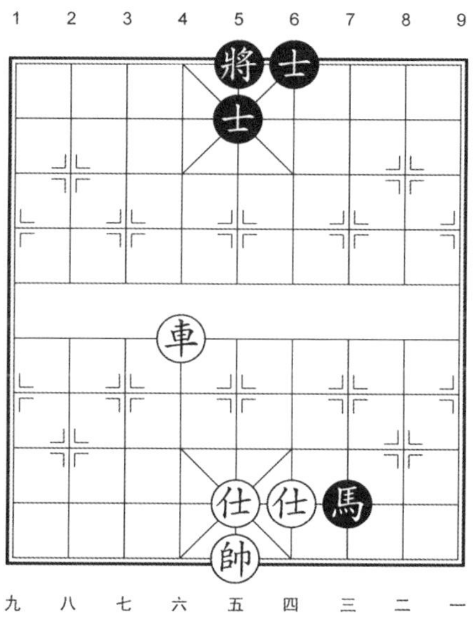

Übung 8:

Sie kennen viele Spielsteine noch nicht. Betrachten Sie nur die Beamten (仕) und Leibwachen (士). Ist diese Spielsituation erlaubt?

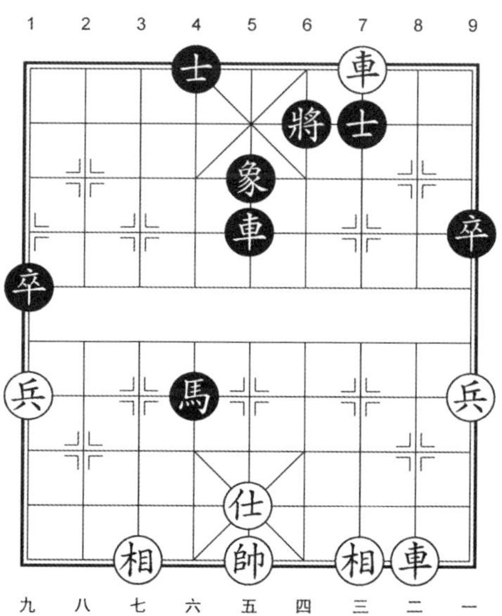

Lösung 5

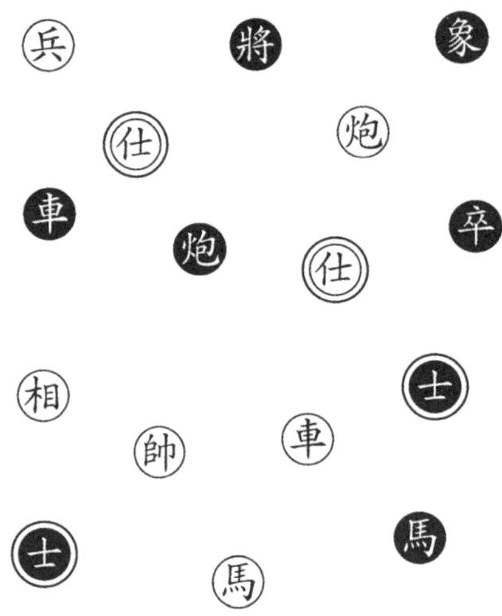

Lösung 6

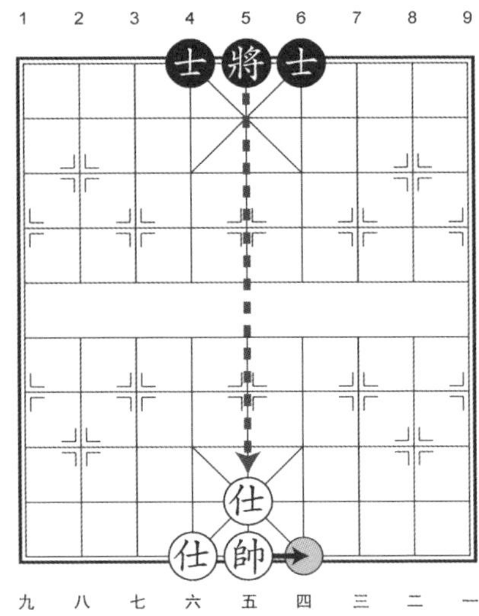

Nur der Befehlshaber (帥) kann ziehen. Der erste Beamte (仕) hat kein freies Feld, der zweite würde Befehlshaber (帥) und General (將) in Blickkontakt bringen.

Lösung 7

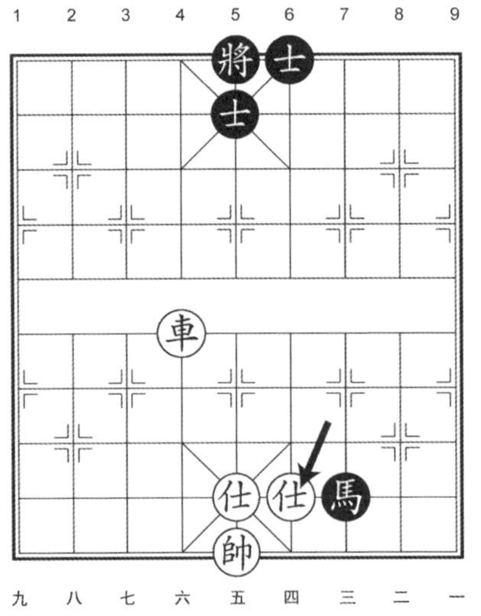

Diese Spielsituation gibt es nicht, da sich der rechte Beamte (仕) auf einem Feld befindet, auf das er nie ziehen kann.

Lösung 8

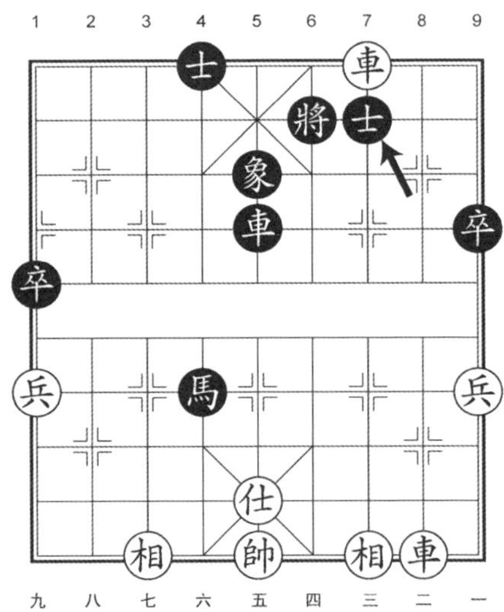

Die Spielsituation ist verboten, da sich die rechte Leibwache (士) außerhalb des Palastes befindet.

1.2.4 Minister und Elefant

Minister (相) und Elefant (象) sind Defensivfiguren (Abbildung 8) und dienen der Verteidigung des eigenen Gebietes diesseits des Flusses. Durch die Symbole dieser Defensivfiguren erfahren die rote und die schwarze Seite eine Prägung, die durch keine andere Spielfigur so deutlich wird. Während der Minister (相) der roten Seite ein Element der kaiserlichen Regierungsstruktur ist, drängt sich beim Elefanten (象) mehr das Bild einer barbarischen Streitmacht auf. Hierzu passt, dass die rote Seite über Beamte (仕) verfügt, die in keinem Verwaltungsapparat fehlen dürfen, die schwarze Seite als Gegenstück allerdings eine Leibwache (士) verwendet. In ihrer Zugweise erinnern Minister (相) und Elefant (象) an die Läufer (♗) des europäischen Schachs, sind jedoch in ihrer Bewegungsfreiheit deutlich eingeschränkt. Jede Seite verfügt über zwei Minister (相) beziehungsweise zwei Elefanten (象).

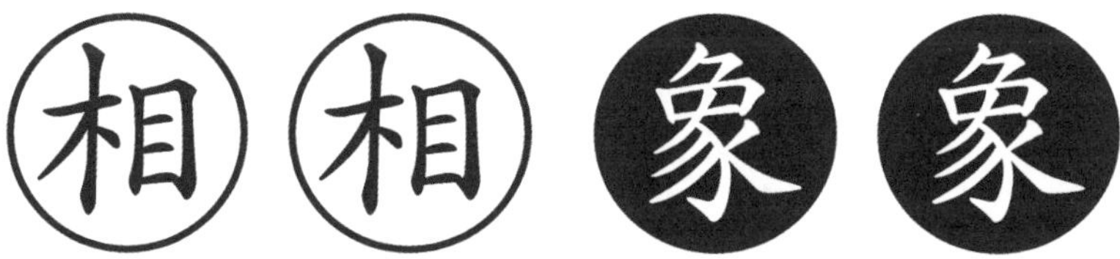

Abbildung 8: Spielsteine für Minister und Elefanten

Der chinesische Name des Ministers (相) der roten Seite lautet „xiàng“ (相, gesprochen „chjiang“). Lang- und Kurzzeichen dieser Spielfigur sind identisch, so dass seine Schreibweise in Figurensätzen unterschiedlicher Schachspiele keine Verwechslung bringt.

Die spieltechnisch identische Figur des Elefanten (象) der schwarzen Seite wird ebenfalls mit „xiàng“ (象, gesprochen „chjiang“) bezeichnet. Wie schon beim Beamten (仕) und der Leibwache (士) wird hier wieder die Eigentümlichkeit der chinesischen Sprache deutlich, mit gleichen Ausdrücken unterschiedliche Dinge zu bezeichnen. In der Schreibweise unterscheiden sich beide Figuren allerdings vom Sinn und Symbolgehalt deutlich. Lang- und Kurzzeichen des Elefanten (象) sind so ähnlich, dass nur einem geübten Auge auffällt, dass der senkrechte Strich im Rechteck des Elefanten die Strichzahl im Langzeichen um eine Linie erhöht.

Einen Überblick über die Symbole beider Seiten und ihre Veränderungen im Laufe der Geschichte gibt Tabelle 5.

Seite	Deutsch	Chinesisch	Schriftzeichen
Rot	Minister	xiàng	相 → 相 → 相
Schwarz	Elefant	xiàng	象 → 象 → 象 → 象

Tabelle 5: Schriftzeichen für Minister und Elefant

Die Aufgabe der Minister (相) und Elefanten (象) ist der Schutz des eigenen Gebietes. Da sie reine Defensivfiguren sind, dürfen sie den Fluss nicht überqueren. Generell bewegen sich Minister (相) und Elefanten (象) nur diagonal um zwei Felder. Dadurch sind ihnen im eigenen Gebiet feste Felder vorgegeben, auf denen sie sich aufhalten dürfen. Eine Übersicht der Felder, die betreten werden können, geben die weißen und grauen Kreise in Abbildung 9.

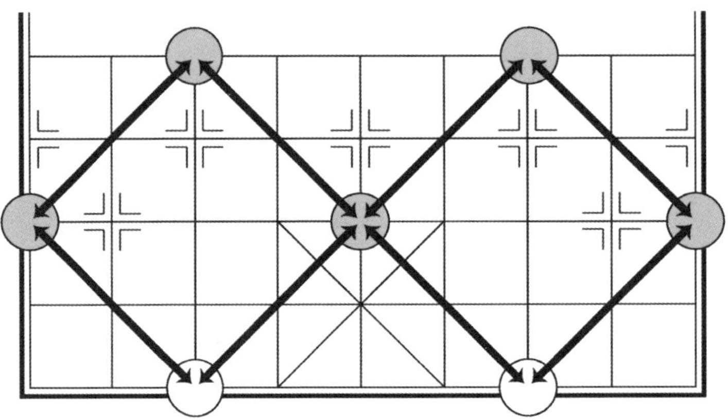

Abbildung 9: Bewegungsraum für Minister (相) und Elefanten (象)

Die Startpositionen zu Beginn des Spiels von Ministern (相) und Elefanten (象) sind die beiden äußeren Felder rechts und links von den Beamten (仕) und Leibwachen (士). Die Startpositionen sind in Abbildung 9 durch zwei weiße Kreise markiert.

Innerhalb eines Spielzugs müssen sich Minister (相) und Elefanten (象) immer um zwei Felder bewegen. Die schwarzen Pfeile in Abbildung 9 zeigen, wie sich Minister (相) und Elefanten (象) auf der eigenen Seite bewegen können.

Ist das erste Feld, das ein Minister (相) oder ein Elefant (象) bei seinem Spielzug überspringt, von einer eigenen oder feindlichen Spielfigur besetzt, ist die entsprechende Zugrichtung blockiert.

Ein Beispiel gibt Abbildung 10. Links unter dem Minister (相) der roten Seite steht eine eigene oder feindliche Spielfigur, symbolisiert durch einen schwarzen Kreis. Der Minister (相) kann daher nicht mehr diagonal nach links unten ziehen.

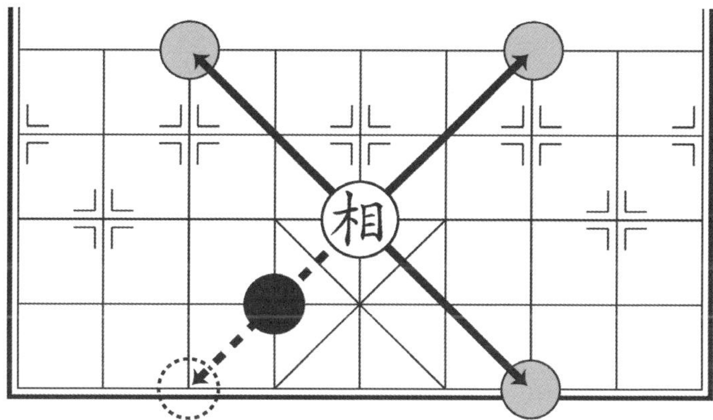

Abbildung 10: Beispiel einer Blockade einer Zugrichtung

Hat eine feindliche Spielfigur den Fluss überquert, so dürfen Minister (相) und Elefanten (象), sofern die Möglichkeit dazu besteht, durch einen Spielzug auf das besetzte Feld die feindliche Figur schlagen.

Kurz und bündig:

- Bewegung immer um zwei Felder diagonal
- Ist das erste Feld von einer eigenen oder feindlichen Spielfigur besetzt, ist die zugehörige Zugrichtung blockiert
- Aufenthalt nur auf der eigenen Seite

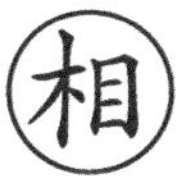

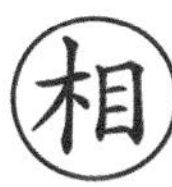

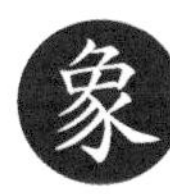

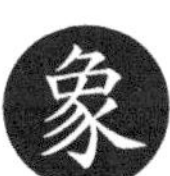

Übung 9:

Bitte identifizieren Sie alle Minister und Elefanten.

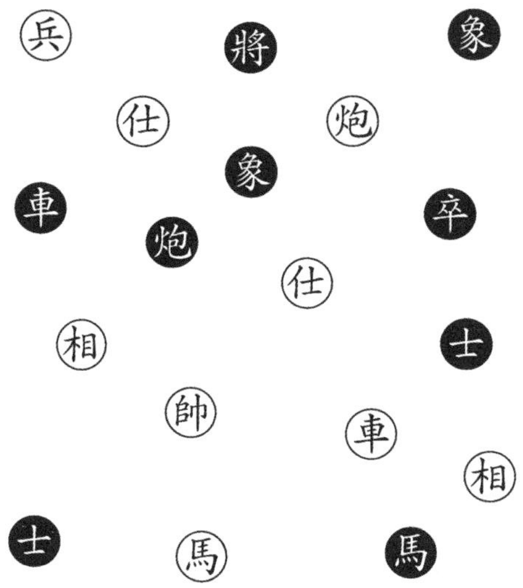

Übung 10:

Schwarz ist am Zug. Kann Schwarz die rote Figur auf der eigenen Seite schlagen?

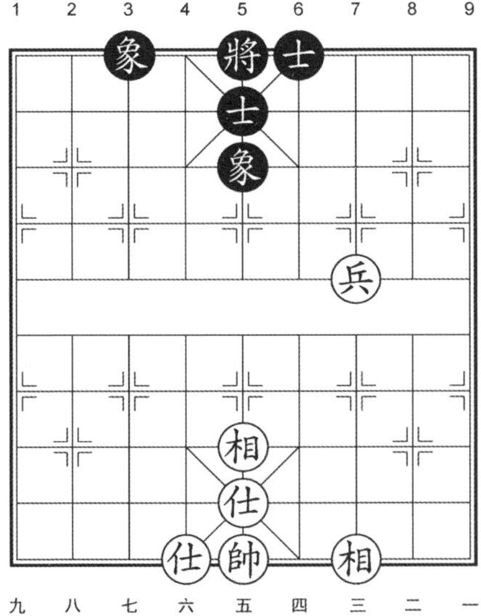

Übung 11:

Sie kennen noch nicht alle Spielsteine, aber betrachten Sie die Minister (相) und Elefanten (象). Ist diese Spielsituation erlaubt?

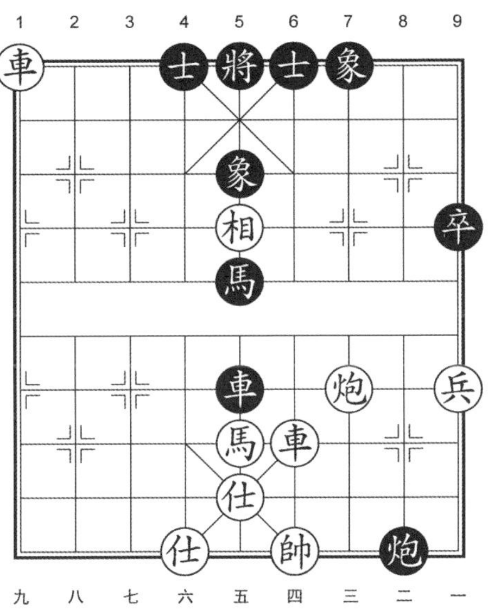

Übung 12:

Schwarz ist am Zug. Kann Schwarz die rote Figur auf der eigenen Seite schlagen?

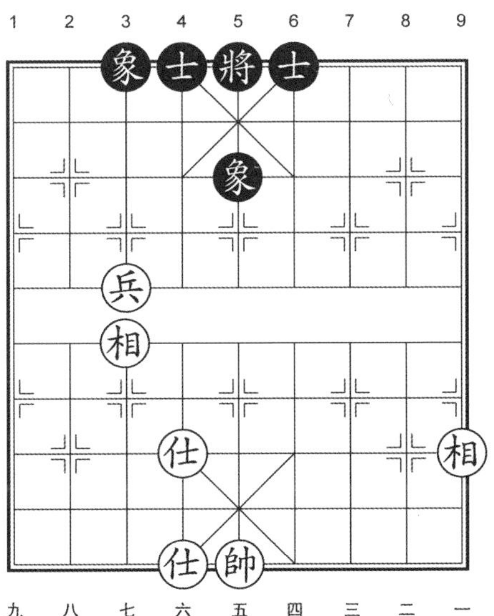

Lösung 9

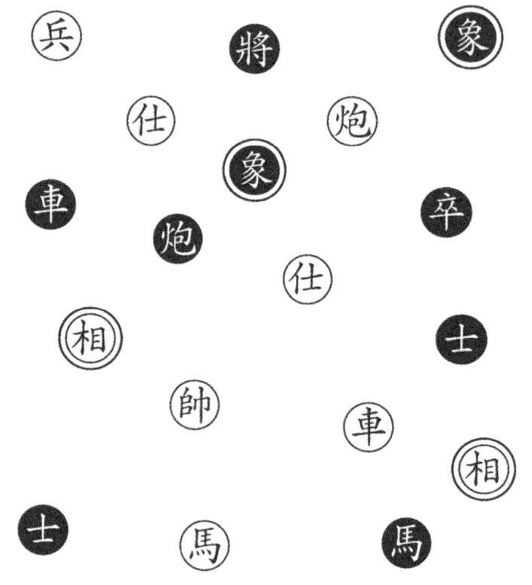

Lösung 10

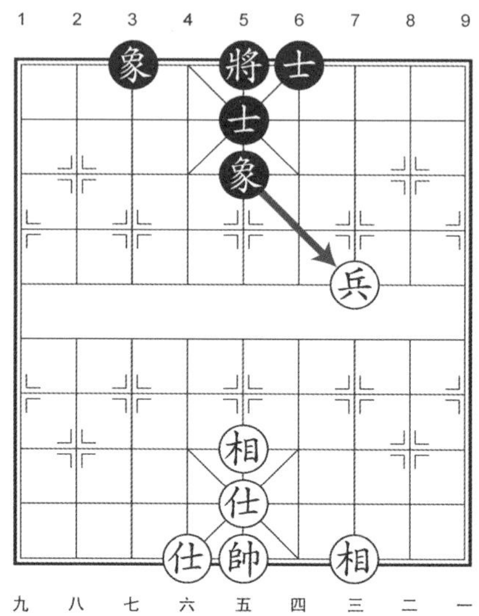

Ja! Der vordere Elefant (象) kann die rote Figur schlagen.

Lösung 11

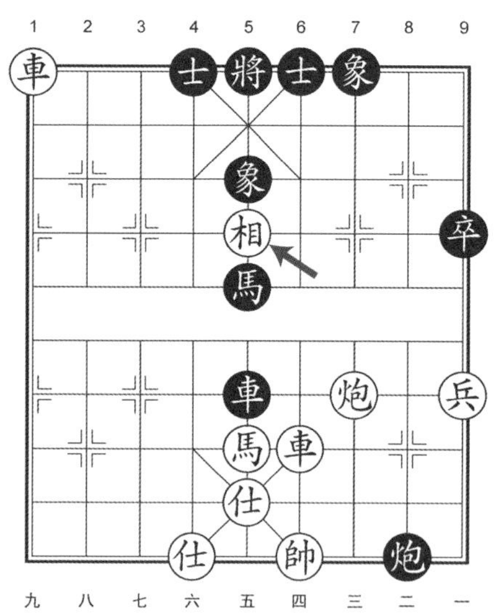

Die Spielsituation kann nicht vorkommen, da sich ein Minister (相) auf der feindlichen Seite jenseits des Flusses befindet.

Lösung 12

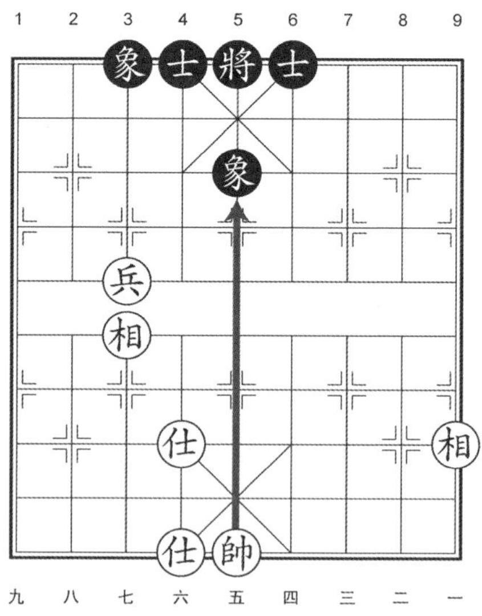

Nein! Der Elefant könnte zwar prinzipiell die rote Figur schlagen, aber dann hätten Befehlshaber (帥) und General (將) Blickkontakt.

1.2.5 Pferd

Das Pferd (馬) ist eine Offensivfigur (Abbildung 11). Es verkörpert die klassische Reiterei oder Kavallerie. Von der Antike bis in das zwanzigste Jahrhundert hinein gehörte die Reiterei zu dem Erscheinungsbild jeder Streitmacht. Beliebt war sie wegen ihrer Schnelligkeit und der Möglichkeit, in einer Schlacht durch einen geschickten Einsatz eine Wendung oder einen Sieg herbeizuführen. Entsprechend hoch ist auch ihr Wert im chinesischen Schach. Bezüglich seiner spieltechnischen Verwendung weist das Pferd (馬) eine sehr enge Parallele zu dem Springer (♘) des europäischen Schachs auf. Da es jedoch blockiert werden kann, ist sein Einsatz komplexer. Jede Seite verfügt über zwei Pferde (馬).

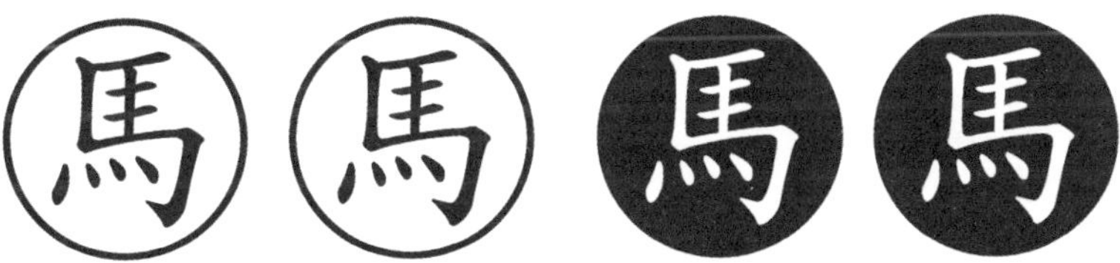

Abbildung 11: Spielsteine für die Pferde

Die chinesische Bezeichnung für Pferd lautet „mǎ“ (馬, gesprochen „maa“). Das Schriftzeichen „馬“ ist eine bewundernswürdige Kombination aus Abstraktion und Symbolkraft. Auf der einen Seite würde man es ohne Kenntnis seiner Bedeutung nicht als Pferd erkennen. Auf der anderen Seite stimmt man seiner Bedeutung sofort zu, wenn man diese erfahren hat. Seine vier Beine machen es unverkennbar. Seine gesamte Form strahlt eine Leichtigkeit und Eleganz aus, wie man sie mit einem Pferd verbindet. Um eine schnellere Schreibung zu ermöglichen, wurde das Langzeichen „馬“ in Festlandchina zu einem Kurzzeichen „马“ vereinfacht. Auf Schachspielen unterschiedlicher Herkunft können beide Zeichen gefunden werden.

Einen Überblick über das Schriftzeichen des Pferdes (馬) und seine Veränderungen im Laufe der Geschichte gibt Tabelle 6.

Seite	Deutsch	Chinesisch	Schriftzeichen
Rot	Pferd	mǎ	馬 → 馬 → 馬 → 马
Schwarz	Pferd	mǎ	馬 → 馬 → 馬 → 马

Tabelle 6: Schriftzeichen für Pferd

Die Schnelligkeit und Flexibilität einer Reiterei spiegelt sich in der Zugweise des Pferdes (馬) wider. Das Pferd (馬) darf generell den Fluss überschreiten und sich somit im eigenen wie auch im feindlichen Gebiet bewegen. Auch die beiden Paläste des Spielbretts dürfen von der Reiterei betreten werden.

Innerhalb eines Spielzugs muss sich das Pferd (馬) immer um zwei Felder bewegen. Dabei zieht es immer ein Feld horizontal oder vertikal und anschließend ein Feld diagonal. Dadurch kann das Pferd (馬) bis zu acht Felder erreichen (Abbildung 12).

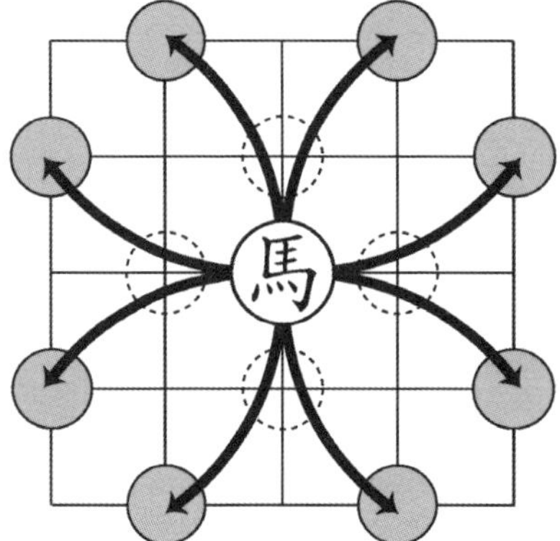

Abbildung 12: Zugweise für das Pferd (馬)

Ist das erste Feld eines Zuges durch eine eigene oder feindliche Spielfigur belegt, ist diese Zugrichtung für das Pferd (馬) blockiert. Ein Beispiel für eine blockierte Richtung gibt Abbildung 13. Der schwarze Kreis deutet dabei das Feld an, auf dem eine eigene oder feindliche Spielfigur steht.

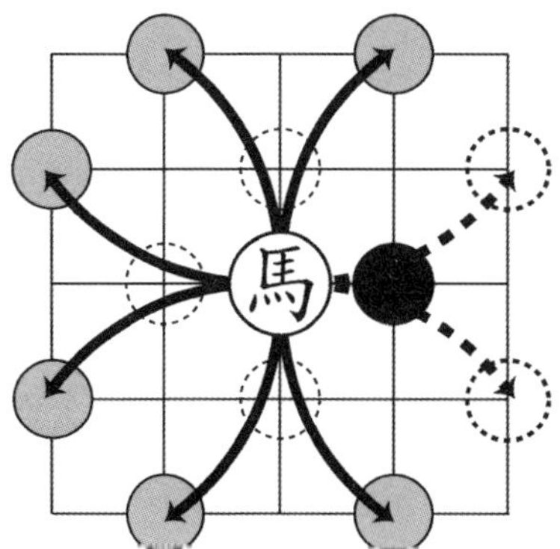

Abbildung 13: Blockade einer Zugrichtung

Die Startpositionen der Pferde (馬) zu Beginn des Spiels sind die beiden äußeren Felder rechts und links von Minister (相) und Elefant (象). Die Startpositionen sind in Abbildung 14 durch zwei weiße Kreise markiert. Die grauen Felder geben an, wohin die Pferde (馬), sofern sie nicht blockiert sind, mit zwei Spielzügen von ihren Startpositionen aus ziehen können. Die Felder, die mit einer Eins gekennzeichnet sind, zeigen den ersten Spielzug, die Felder, die mit einer Zwei beschriftet sind, den zweiten Spielzug. Um das feindliche Gebiet zu betreten, benötigt ein Pferd (馬) also mindestens drei Spielzüge.

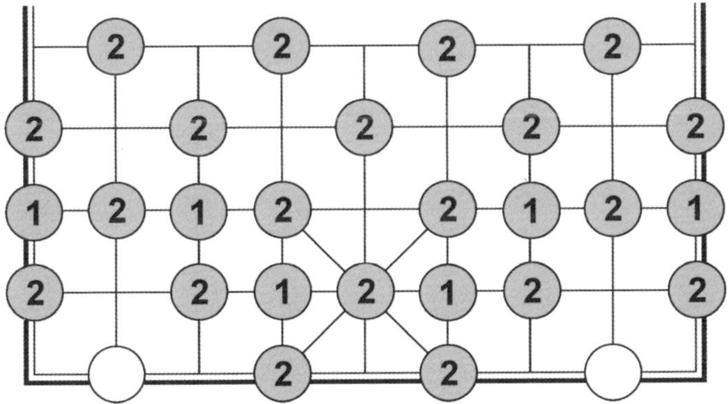

Abbildung 14: Startpositionen und erste Zugmöglichkeiten der Pferde (馬)

Das Pferd (馬) darf jede feindliche Spielfigur, auf deren besetztes Feld es ziehen kann, schlagen.

Kurz und bündig:

- Bewegung immer um zwei Felder (erst gerade und dann schräg)
- Blockade, wenn das erste Feld durch eine eigene oder feindliche Figur besetzt ist
- Alle Felder des Spielbretts dürfen betreten werden

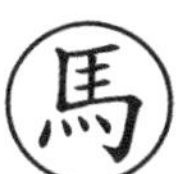

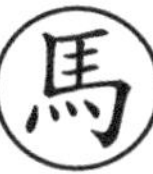

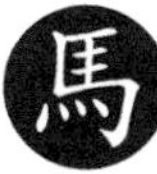

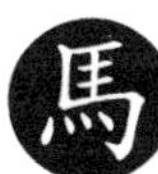

Übung 13:

Bitte identifizieren Sie alle Pferde.

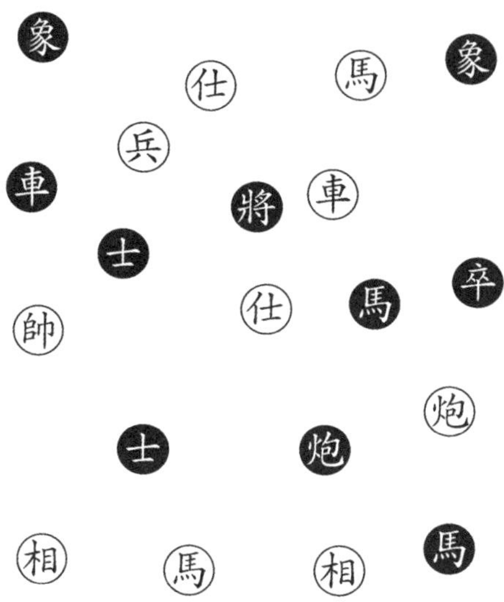

Übung 14:

Rot ist am Zug. Wie muss Rot ziehen, um zu gewinnen?

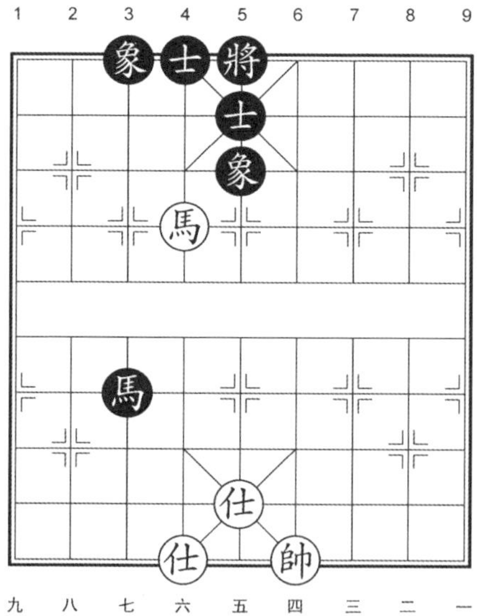

Übung 15:

Rot hat gezogen und mit dem Pferd (馬) Schach gesagt. Hat Schwarz verloren?

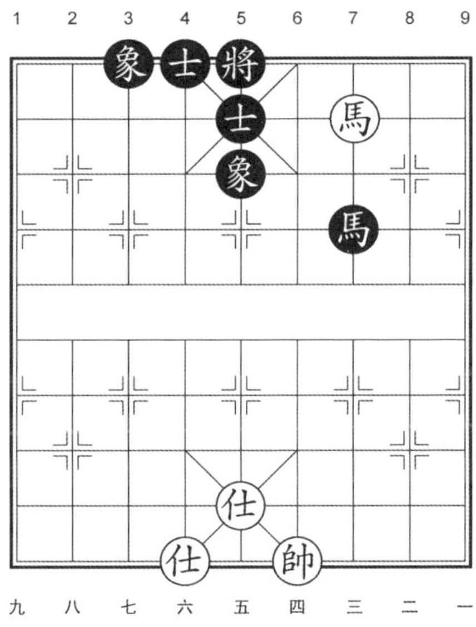

Übung 16:

Schwarz ist am Zug. Wie sollte Schwarz ziehen?

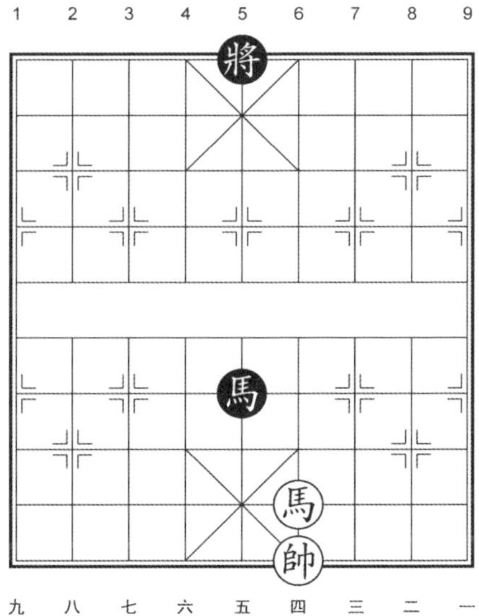

Lösung 13

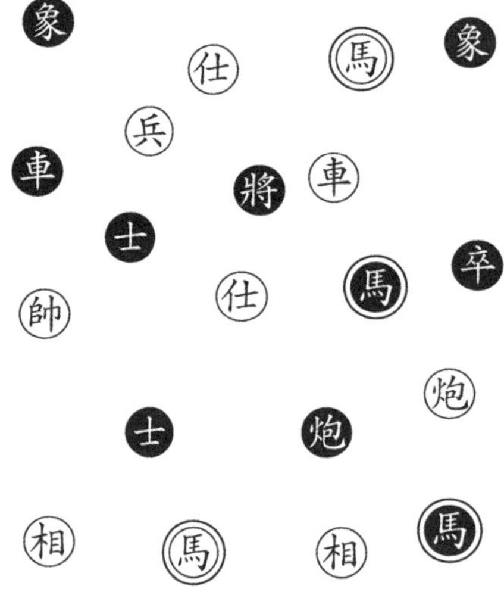

Lösung 14

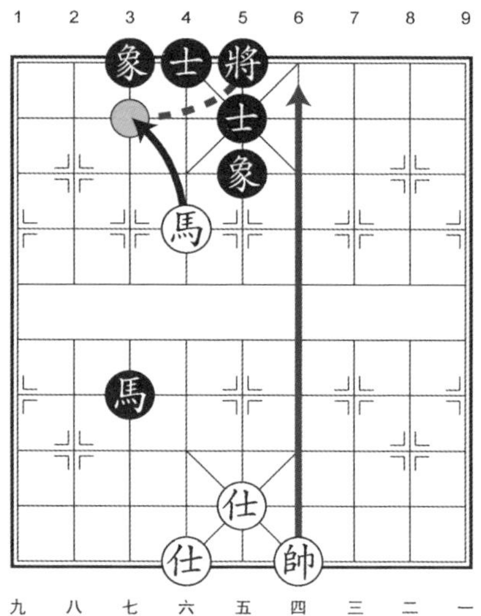

Das rote Pferd (馬) setzt matt. Schwarz kann weder das Pferd (馬) blockieren, noch mit dem General (將) fliehen.

Lösung 15

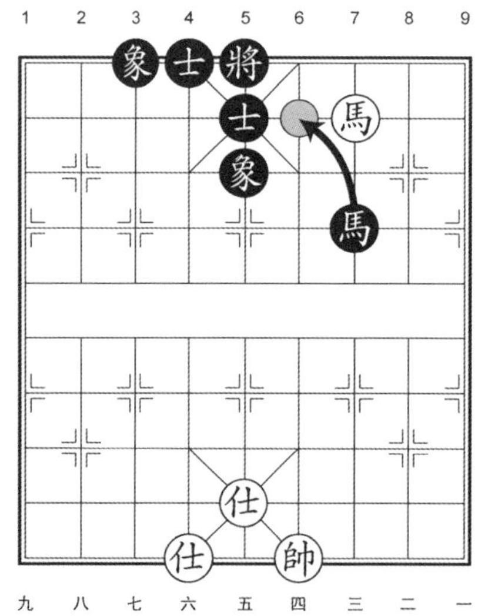

Nein. Schwarz kann den Angriff mit seinem Pferd (馬) blockieren.

Lösung 16

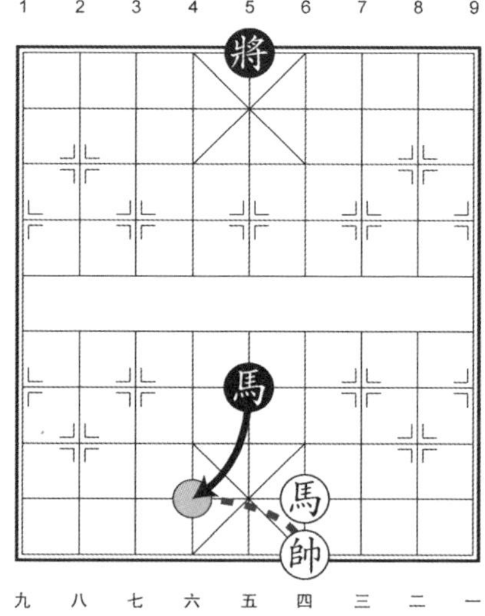

Schwarz setzt den Befehlshaber (帥) schachmatt. Dieser kann nicht weichen - Blickkontakt mit General (將).

1.2.6 Streitwagen

Der Streitwagen (車) ist eine Offensivfigur (Abbildung 15). In der Antike war der Streitwagen eine von den Fußsoldaten stark gefürchtete Waffe. Seine mit Messern besetzten Räder fügten jedem, der in seinem Weg stand, schwere Verletzungen zu. Seine Schnelligkeit konnte er allerdings nur in ebenem Gelände ausspielen. In schwierigem Terrain fand er daher keine Verwendung. Spieltechnisch ist der Streitwagen (車) mit dem Turm (♖) des europäischen Schachs identisch. Jede Seite verfügt über zwei Streitwagen (車).

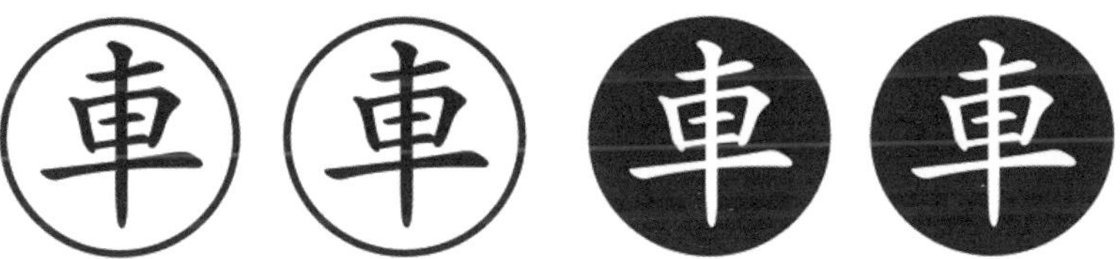

Abbildung 15: Spielsteine für die Streitwagen

Die chinesische Bezeichnung für Streitwagen lautet „zū" (車, gesprochen „dsu"). Das Schriftzeichen ist sehr plastisch: Stellt man sich vor, von oben auf einen zweirädrigen Wagen zu schauen, der horizontal fährt, erschließt sich einem das Schriftzeichen. Oben und unten sind durch eine Linie die zwei Räder angedeutet. In der Mitte befindet sich eine Plattform aus zwei Brettern. Auch in der Neuzeit wird das Zeichen noch verwendet; mit veränderter Aussprache wird es generell für „Auto" benutzt. Um eine schnellere Schreibung zu ermöglichen, wurde das Langzeichen „車" im vergangenen Jahrhundert auf dem Festland Chinas zu einem Kurzzeichen „车" vereinfacht. Auf Schachfiguren wird meistens noch die alte Schreibung (車) verwendet, aber auch die neue Schreibung (车) ist zu finden.

Einen Überblick über das Schriftzeichen des Streitwagens (車) und seine Veränderungen im Laufe der Geschichte gibt Tabelle 7.

Seite	Deutsch	Chinesisch	Schriftzeichen
Rot	Streitwagen	zū	車 → 車 → 車 → 车
Schwarz	Streitwagen	zū	車 → 車 → 車 → 车

Tabelle 7: Schriftzeichen für Streitwagen

Der Streitwagen (車) ist die schnellste und stärkste Spielfigur des chinesischen Schachs. Das spiegelt sich in seiner Zugweise wider. Innerhalb eines Spielzugs kann sich der Streitwagen (車) beliebig weit horizontal oder vertikal bewegen, solange ihm keine Figur den Weg blockiert (Abbildung 16). Der Streitwagen (車) darf generell den Fluss überschreiten und sich somit im eigenen wie auch im feindlichen Gebiet bewegen. Auch die beiden Paläste dürfen von den Streitwagen (車) betreten werden.

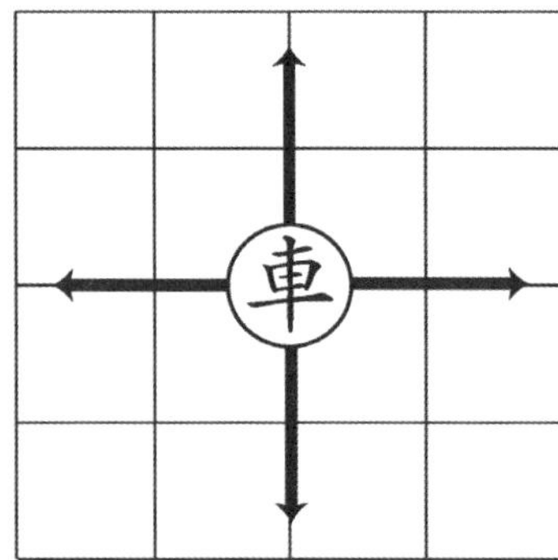

Abbildung 16: Zugweise für den Streitwagen (車)

Ist ein Feld in der Zuglinie des Streitwagens (車) durch eine eigene oder feindliche Spielfigur belegt, ist diese Zugrichtung ab diesem Feld blockiert. Steht eine feindliche Spielfigur in der Zuglinie, so kann diese geschlagen werden. Ein Beispiel für eine blockierte Richtung gibt Abbildung 17. Der schwarze Kreis deutet dabei das Feld an, auf dem eine eigene oder feindliche Spielfigur steht. Auf die grauen Felder kann gezogen werden. Eine feindliche Spielfigur auf dem schwarzen Feld kann geschlagen werden. Die Felder, die mit gestrichelten Kreisen markiert sind, sind blockiert.

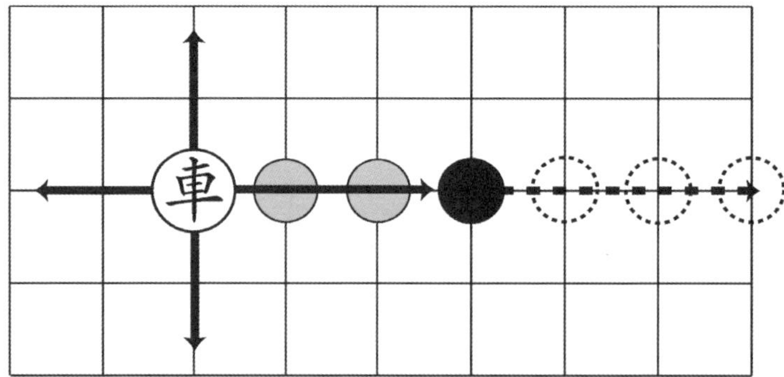

Abbildung 17: Beispiel einer Blockade einer Zugrichtung

Die Startpositionen der Streitwagen (車) zu Beginn des Spiels sind die beiden Ecken in der Grundlinie rechts und links der Pferde (馬). Die Startpositionen sind in Abbildung 18 durch zwei weiße Kreise markiert. Die Streitwagen (車) sind beim Spielstart durch eigene Spielfiguren blockiert und können daher nur langsam ins Spiel gebracht werden.

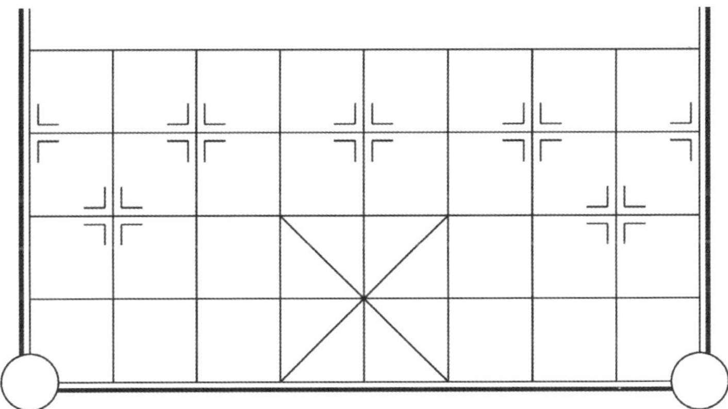

Abbildung 18: Startpositionen der Streitwagen (車)

Der Streitwagen (車) darf jede feindliche Spielfigur schlagen, auf deren besetztes Feld er ziehen kann.

Kurz und bündig:

- Bewegung um beliebig viele Felder horizontal oder vertikal
- Blockade durch eigene oder feindliche Spielfiguren; allerdings ist ein Schlagen einer feindlichen Spielfigur möglich
- Alle Felder des Spielbretts dürfen betreten werden

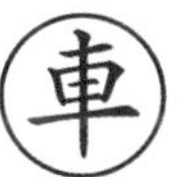

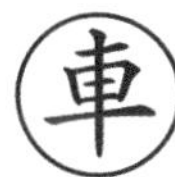

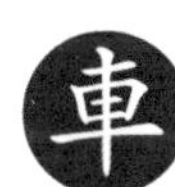

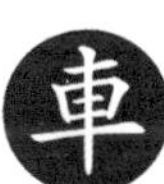

Übung 17:

Bitte identifizieren Sie alle Streitwagen.

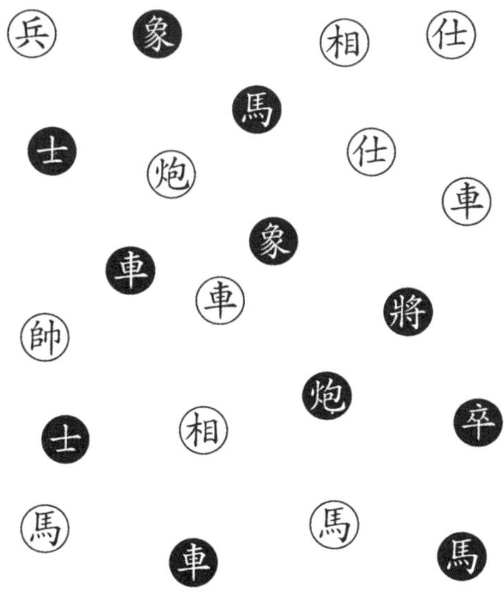

Übung 18:

Schwarz ist am Zug. Was ist der beste Zug für Schwarz?

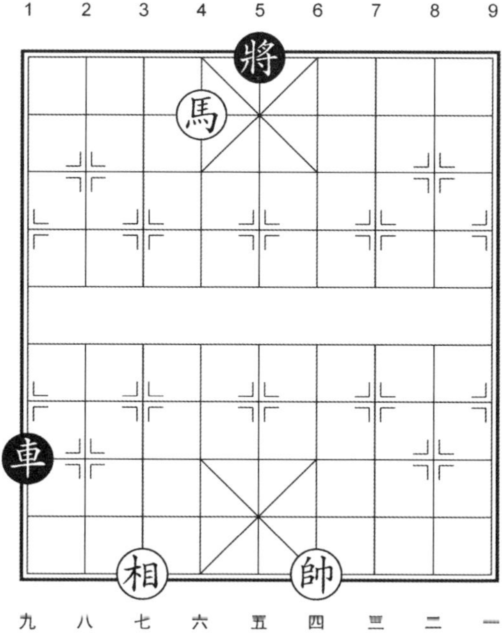

Übung 19:

Rot hat gezogen und mit dem Streitwagen (車) Schach gesagt. Hat Schwarz verloren?

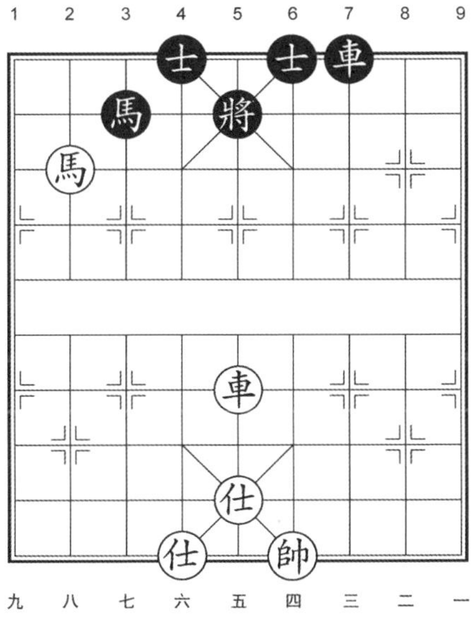

Übung 20:

Schwarz ist am Zug. Wie sollte Schwarz ziehen?

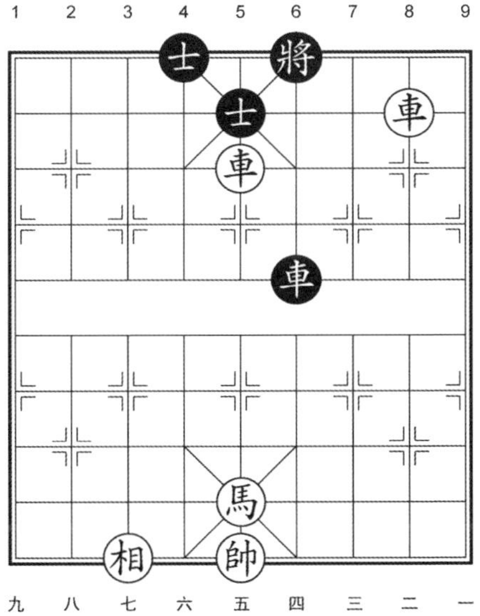

Lösung 17

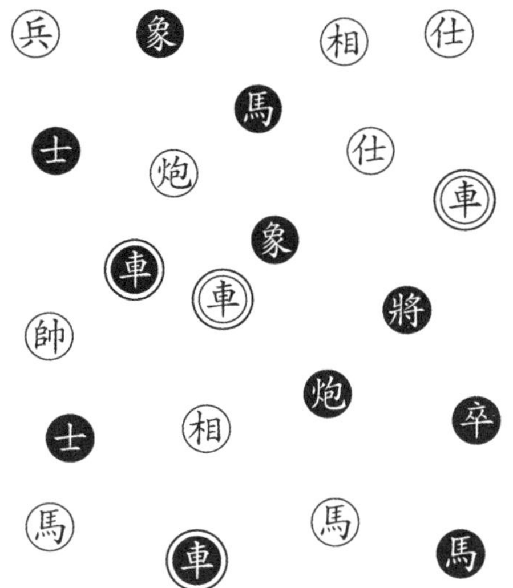

Lösung 18

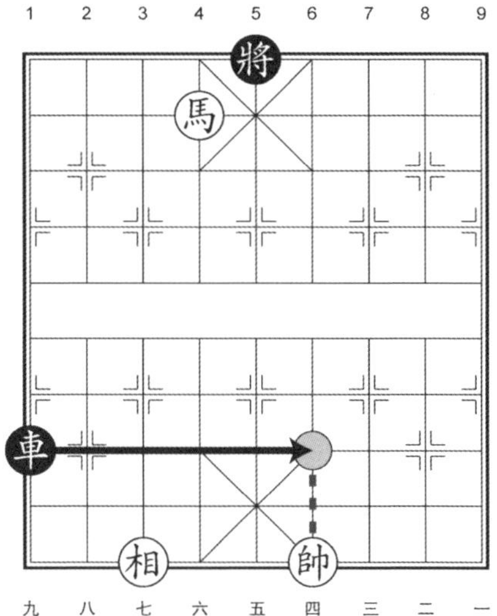

Schwarz setzt mit dem Streitwagen (車) matt. Der Befehlshaber (帥) kann nicht weg – Sichtlinie mit dem General (將).

Lösung 19

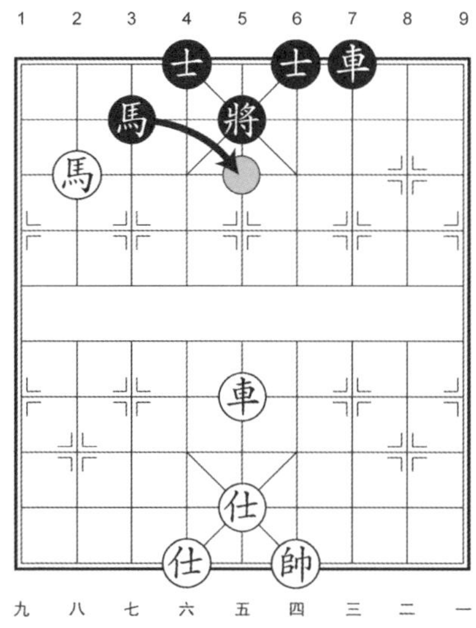

Nein. Schwarz kann den Angriff mit seinem Pferd (馬) blockieren

Lösung 20

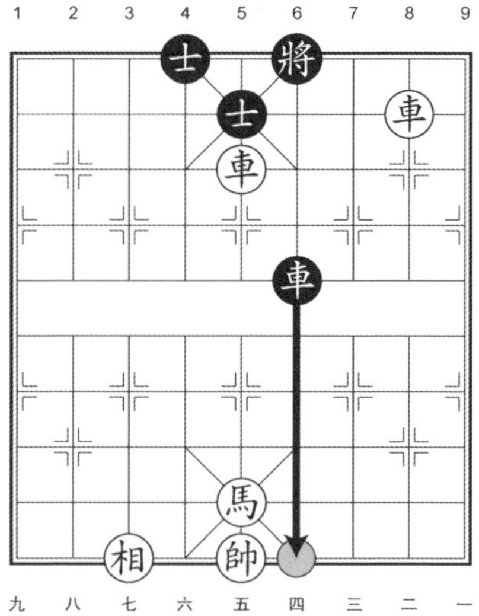

Schwarz setzt Rot in einem Zug schachmatt. Der Streitwagen (車) ist durch den Blick des eigenen Generals (將) gedeckt.

1.2.7 Kanone

Die Kanone (炮) ist eine militärische Erfindung, die im Laufe des zweiten Jahrtausends den Wert befestigter Wehranlagen mit zunehmender technischer Weiterentwicklung deutlich minderte. Die Entwicklung der Kanone setzte die Erfindung des Schwarzpulvers voraus. Während in Europa Kanonen erst im 14. Jahrhundert zum Einsatz kamen, waren diese in China spätestens seit dem 11. Jahrhundert bekannt. Zu den frühesten schriftlichen Überlieferungen von Feuerwaffen zählt das „Wǔ Jīng Zǒng Yào" (武经总要). Es ist eine Schrift über die wichtigsten Militärtechniken, die ca. 1044 n. Chr. in der Zeit der Song-Dynastie entstand. Da die Kanone (炮) ein entscheidendes Kriegsgerät war, wurde sie als Spielfigur in das Schach integriert.

Die Kanone (炮) ist eine Offensivfigur. Spieltechnisch gibt es zur Kanone (炮) keine ähnliche Spielfigur im europäischen Schach; die Zugweise ist jedoch derjenigen des Turms (♖) ähnlich. Jede Seite verfügt über zwei Kanonen (Abbildung 19).

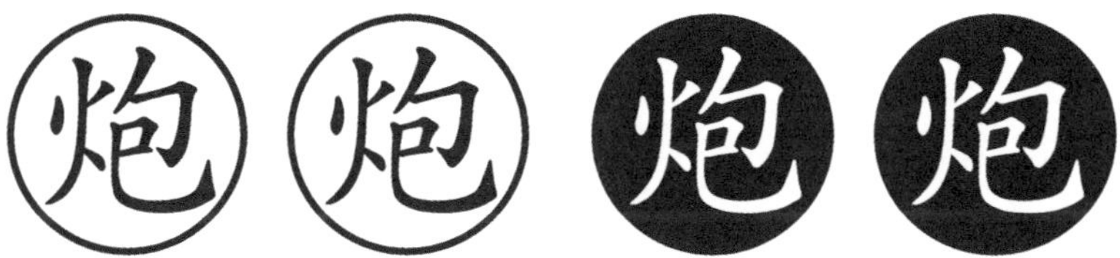

Abbildung 19: Spielsteine für die Kanonen

Das chinesische Wort für Kanone lautet „pào" (炮, gesprochen „pao"). Spricht man das Wort, so scheint die Aussprache die Klangmalerei eines Kanonenabschusses zu sein. Das Schriftzeichen „炮" setzt sich aus zwei Teilen zusammen. Auf der linken Seite steht das Zeichen für Feuer (火), auf der rechten Seite befindet sich das Zeichen für Einhüllen (包). Die Kombination der beiden Zeichen zum Symbol für eine Kanone (炮) zeigt die faszinierende Logik der chinesischen Bilderschrift, die oft durch das Zusammenfügen von einzelnen Zeichen verschiedene Begriffe formt. Man könnte also eine Kanone (炮), überträgt man das Schriftzeichen bildlich, als ein vom Feuer eingehülltes Objekt bezeichnen.

Einen Überblick über das Schriftzeichen und seine Veränderungen im Laufe der Geschichte gibt Tabelle 8. Das Lang- und das Kurzzeichen für die Kanone (炮) sind identisch.

Seite	Deutsch	Chinesisch	Schriftzeichen
Rot	Kanone	pào	炮 → 炮 → 炮 → 炮
Schwarz	Kanone	pào	炮 → 炮 → 炮 → 炮

Tabelle 8: Schriftzeichen für Kanone

Die Kanone (炮) ist die mobilste Spielfigur des chinesischen Schachs. Sie ist die einzige Figur, die unter bestimmten Umständen über andere Spielfiguren hinwegspringen darf. Spieltechnisch muss daher zwischen einem Bewegungszug und dem Schlagen eines gegnerischen Spielsteins unterschieden werden.

Ein Bewegungszug ist das Verschieben einer Kanone (炮) auf dem Spielbrett, ohne eine gegnerische Spielfigur zu schlagen. Innerhalb eines Bewegungszuges kann sich die Kanone (炮) beliebig weit horizontal oder vertikal bewegen, solange ihr keine Figur den Weg blockiert. Ist ein Feld in der Zuglinie des Bewegungszugs einer Kanone (炮) durch eine eigene oder feindliche Spielfigur belegt, ist diese Zugrichtung ab diesem Feld blockiert.

Ein Beispiel für eine blockierte Richtung gibt Abbildung 20. Der schwarze Kreis deutet dabei das Feld an, auf dem eine eigene oder feindliche Spielfigur steht. Auf die grauen Felder kann gezogen werden. Das schwarze Feld und die Felder, die mit gestrichelten Kreisen markiert sind, sind blockiert.

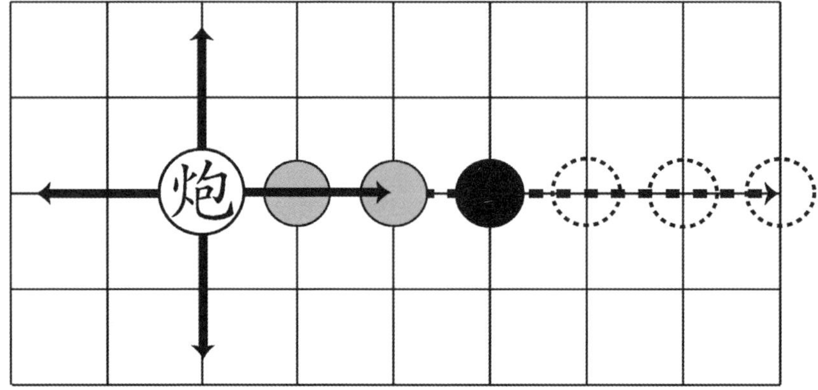

Abbildung 20: Bewegungszug einer Kanone (炮) mit blockierter Zugrichtung

Um eine Spielfigur zu schlagen, muss die Kanone (炮) über genau einen eigenen oder feindlichen Spielstein hinwegspringen. Es spielt dabei keine Rolle, wie viele leere Felder sich zwischen der Kanone (炮) und der übersprungenen Spielfigur bzw. der übersprungenen Spielfigur und dem geschlagenen Spielstein befinden.

Ein Beispiel gibt Abbildung 21. Der schwarze Kreis symbolisiert eine eigene oder gegnerische Spielfigur, die übersprungen wird. Der graue Kreis symbolisiert eine gegnerische Spielfigur, die geschlagen wird. Der Abstand zwischen den Spielfiguren ist im Beispiel willkürlich gewählt. Der kompakteste Fall wäre, wenn die Spielfiguren ohne Abstände aneinandergereiht stünden.

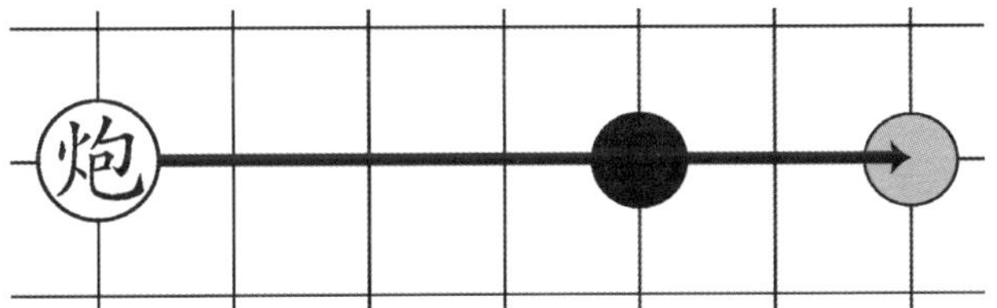

Abbildung 21: Beispiel für das Schlagen einer Spielfigur

Die Startpositionen der Kanonen (炮) zu Beginn des Spiels sind die beiden verstärkten Knotenpunkte in der dritten Reihe des eigenen Gebietes. Die Startpositionen sind in Abbildung 22 durch zwei weiße Kreise markiert.

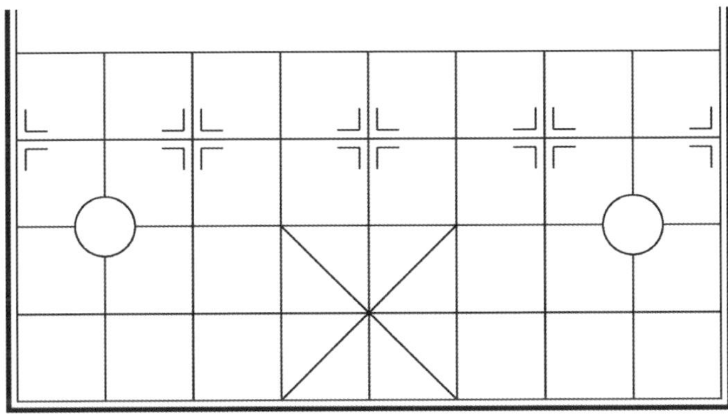

Abbildung 22: Startpositionen der Kanonen (炮)

Die Kanone (炮) darf generell den Fluss überschreiten und sich somit im eigenen wie auch im feindlichen Gebiet bewegen. Auch die beiden Paläste dürfen von der Kanone (炮) betreten werden.

Kurz und bündig:

- Bewegung um beliebig viele Felder horizontal oder vertikal
- Blockade durch eigene oder feindliche Spielfiguren
- Schlagen durch Überspringen genau einer eigenen oder feindlichen Spielfigur
- Alle Felder des Spielbretts dürfen betreten werden

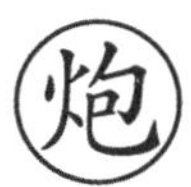

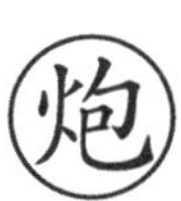

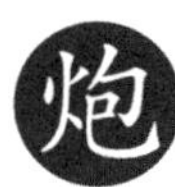

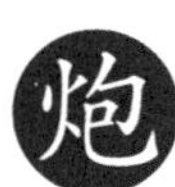

Übung 21:

Bitte identifizieren Sie alle Kanonen.

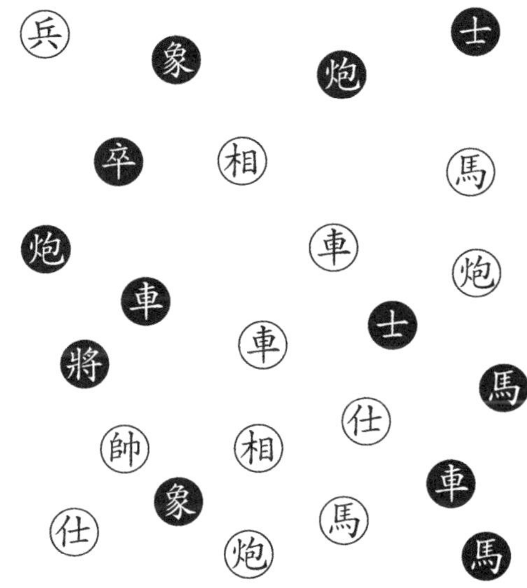

Übung 22:

Schwarz ist am Zug. Was ist der beste Zug für Schwarz?

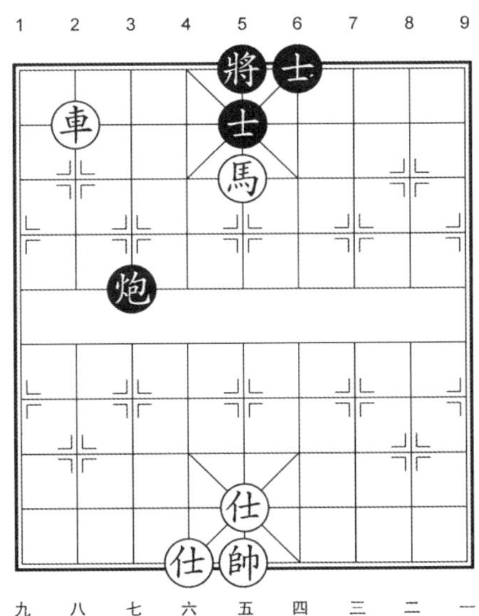

Übung 23:

Rot ist am Zug. Was ist der beste Zug für Rot?

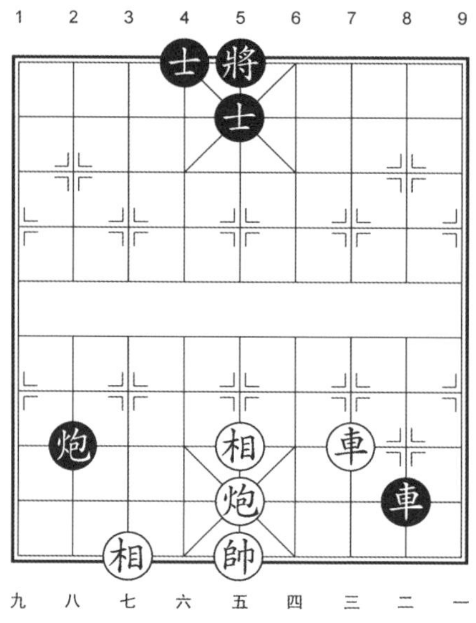

Übung 24:

Schwarz hat durch einen Zug mit seiner Kanone (炮) Schach geboten. Ist Rot matt?

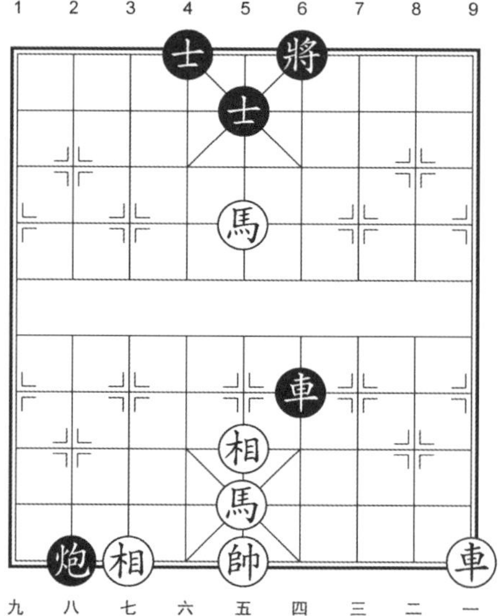

Lösung 21

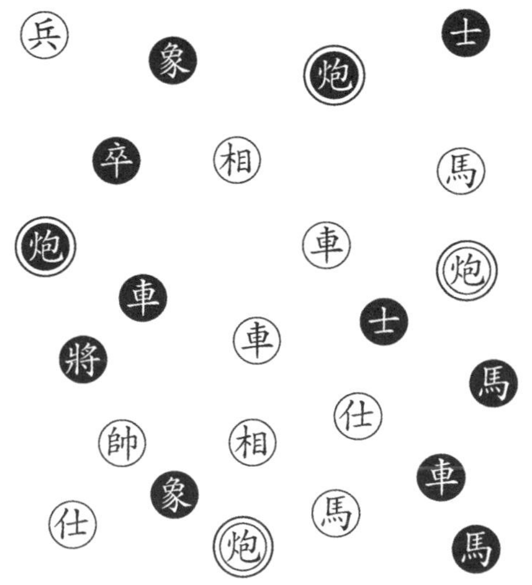

Lösung 22

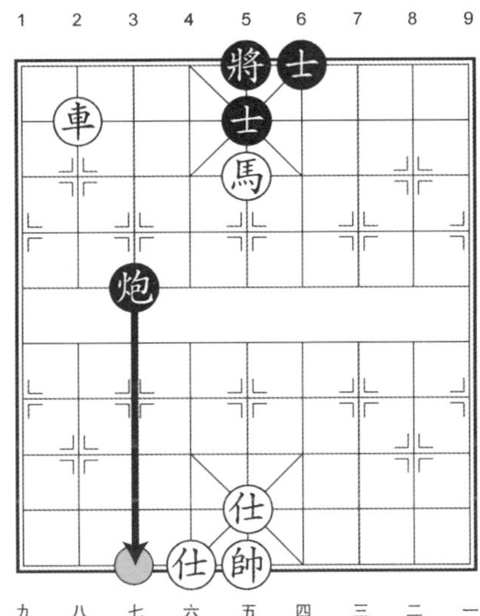

Schwarz gewinnt, indem er Rot mit der Kanone (炮) matt setzt.

Lösung 23

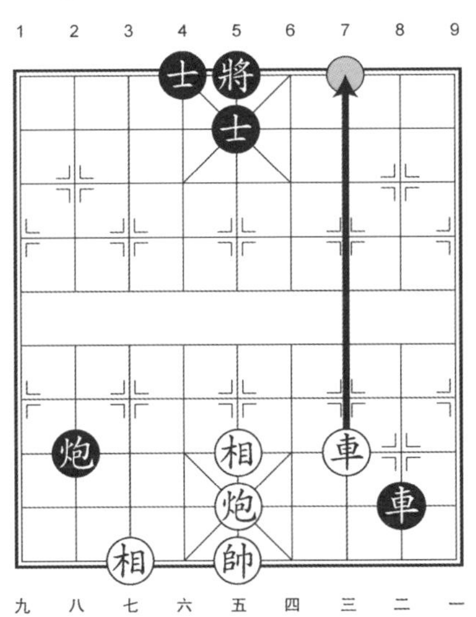

Rot setzt Schwarz mit dem Streitwagen (車) schachmatt. Der Leibwächter (士) kann den General (將) wegen der roten Kanone (炮) nicht schützen.

Lösung 24

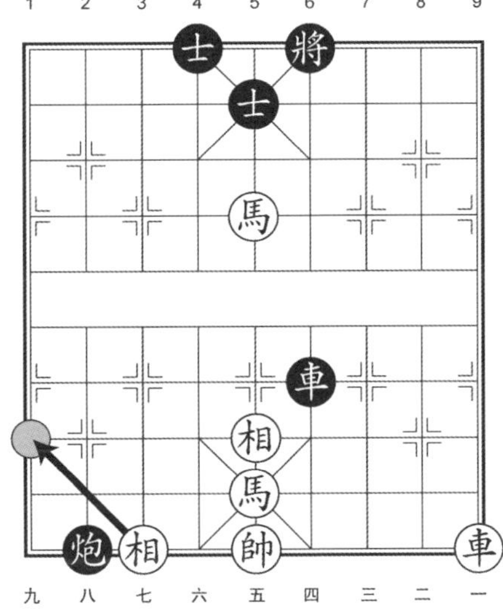

Rot ist nicht matt. Rot kann durch einen Zug seines Ministers (相) die Bedrohung durch die Kanone (炮) lösen. Rot verliert allerdings seinen Streitwagen (車).

1.2.8 Waffe und Soldat

Waffe (兵) und Soldat (卒) sind allgemein die grundlegenden Elemente einer militärischen Streitmacht. Im chinesischen Schach verkörpern beide die einfachen Fußsoldaten, die in der vordersten Reihe der Schacht stehen. Vom Rang und sozialen Status aus gesehen sind diese Spielfiguren die niedrigsten Spielfiguren auf dem Spielbrett. Waffe (兵) und Soldat (卒) sind Offensivfiguren. Spieltechnisch können sie mit den Bauern (♙) des europäischen Schachs verglichen werden, auch wenn sie sich in Feinheiten von diesen unterscheiden. Jede Seite verfügt über fünf Waffen bzw. fünf Soldaten (Abbildung 23).

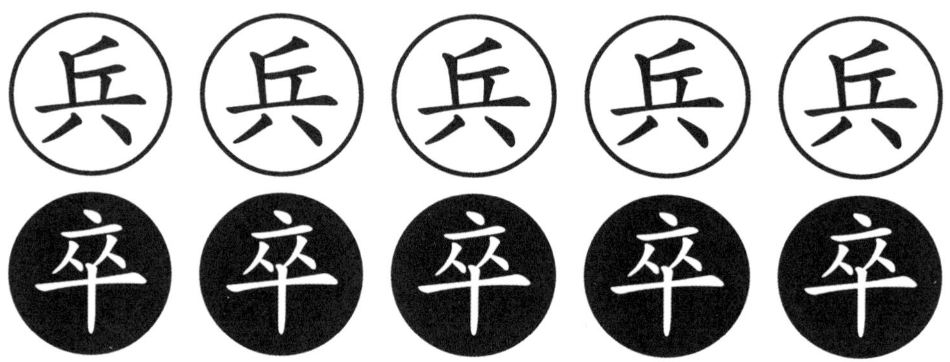

Abbildung 23: Spielsteine für die Waffen und Soldaten

Die chinesische Bezeichnung für den Fußsoldaten der roten Seite lautet „bīng“ (兵, gesprochen „bing“). Wörtlich kann das Schriftzeichen mit „Waffe“ übersetzt werden. Zwar nicht so intensiv wie bei den Spielfiguren der Beamten (仕) und Minister (相) wird auch bei dem Zeichen für Waffe (兵) deutlich, dass es sich bei der roten Seite um einen im Sozialwesen und in der Technik entwickelten Staat handelt. Der Fußsoldat der schwarzen Seite wird mit „zú“ (卒, gesprochen „dsu“) bezeichnet. Das Schriftzeichen kann wörtlich mit „Soldat“ übersetzt werden. Von seiner Bedeutung passt es sich harmonisch in die Streitmacht der schwarzen Seite ein.

Einen Überblick über die beiden Schriftzeichen und ihre Veränderungen im Laufe der Geschichte gibt Tabelle 9. Das Lang- und das Kurzzeichen für Waffe (兵) und Soldat (卒) sind identisch.

Seite	Deutsch	Chinesisch	Schriftzeichen
Rot	Waffe	bīng	兵 → 兵 → 兵
Schwarz	Soldat	zú	卒 → 卒 → 卒

Tabelle 9: Schriftzeichen für Waffe und Soldat

In der vordersten Schlachtlinie ist die Aufgabe von Waffe (兵) und Soldat (卒), das eigene Gebiet zu schützen und den Bewegungsraum der gegnerischen Spielfiguren einzuschränken. Ihr Bewegungsspielraum ist im Vergleich zu den anderen Offensivfiguren sehr eingeschränkt. Eine Besonderheit von Waffe (兵) und Soldat (卒) ist allerdings, dass sich der Bewegungsspielraum erweitert, sobald diese den Fluss überschritten haben und sich im gegnerischen Gebiet aufhalten. Sie gewinnen sozusagen an Erfahrung.

Befindet sich eine Waffe (兵) oder ein Soldat (卒) im eigenen Gebiet diesseits des Flusses, so darf die Spielfigur in einem Spielzug immer nur um ein Feld nach vorne ziehen. Sobald eine Waffe (兵) oder ein Soldat (卒) den Fluss überschritten hat, erlangt die Spielfigur einen Veteranenstatus, der den Bewegungsspielraum vergrößert. Eine Waffe (兵) oder ein Soldat (卒) jenseits des Flusses im feindlichen Gebiet hat in einem Spielzug generell die Möglichkeit, einen Schritt nach vorne oder zur Seite zu ziehen.

Einen Überblick über die Bewegungsmöglichkeiten gibt Abbildung 24. Die weißen Kreise zeigen die Knotenpunkte an, auf denen die Waffen (兵) oder Soldaten (卒) zu Beginn des Spiels aufgestellt werden. In den ersten zwei Schritten kann eine Waffe (兵) oder ein Soldat (卒) nur geradeaus ziehen, da sich der Spielstein noch im eigenen Gebiet befinden. Dies ist durch die grauen Kreise und die Pfeile, die auf die grauen Kreise zeigen, gekennzeichnet. Befindet sich eine Waffe (兵) oder ein Soldat (卒) im feindlichen Gebiet, kann mit jedem Zug geradeaus, nach links oder nach rechts gezogen werden. Dies zeigen die drei Pfeile an, die von den obersten grauen Kreisen wegzeigen.

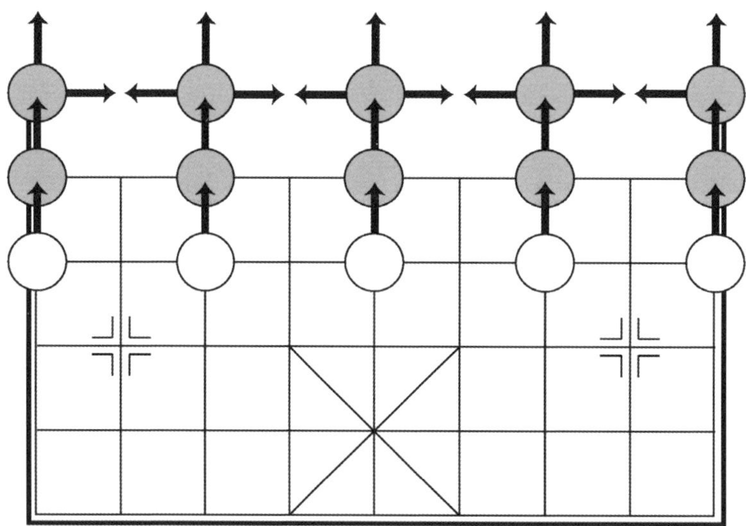

Abbildung 24: Bewegungsraum von Waffe (兵) und Soldat (卒)

Waffen (兵) und Soldaten (卒) dürfen im gesamten Spiel nie rückwärts ziehen. Haben sie die Grundlinie des feindlichen Gebietes erreicht, bleibt ihnen nur noch die Möglichkeit, nach rechts oder links zu gehen. Der gegnerische Palast darf generell betreten werden.

Im Gegensatz zum europäischen Schach bleibt ein Fußsoldat während des gesamten Spiels immer ein Fußsoldat. Das steht im Einklang mit dem konfuzianistischen Weltbild, das jeder Person eine feste Rolle zuweist. Während im europäischen Schach ein einfacher Bauer (♙) bis zum Adel als Läufer (♗), Springer (♘) oder Turm (♖) aufsteigen oder sogar als Dame (♕) Mitglied der Königsfamilie werden kann, kennt das chinesische Schach eine solche Statuserhebung nicht. Der soziale Rang von Waffe (兵) und Soldat (卒) ist so gering, dass sie während des gesamten Spiels nie Kontakt mit dem eigenen Herrscher und dessen engsten Vertrauten haben.

Generell können Waffe (兵) und Soldat (卒) feindliche Spielfiguren schlagen, indem sie auf ein besetztes Feld ziehen.

Kurz und bündig:

- Bewegung im eigenen Gebiet immer nur um einen Schritt nach vorne
- Veteranenstatus im feindlichen Gebiet; Bewegung nach vorne, links oder rechts
- Waffe (兵) und Soldat (卒) bleiben auch dann Waffe (兵) und Soldat (卒), wenn sie die Grundlinie des gegnerischen Gebietes erreicht haben
- Alle zugänglichen Felder dürfen betreten werden

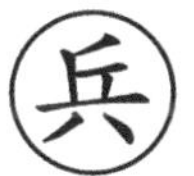
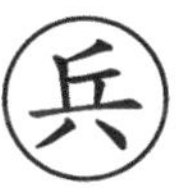
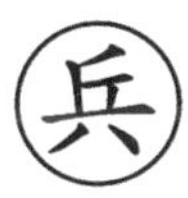
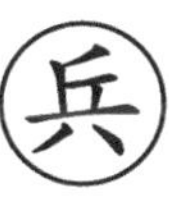
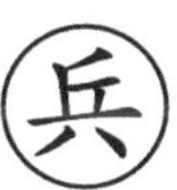
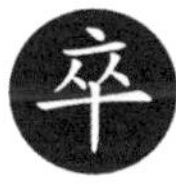
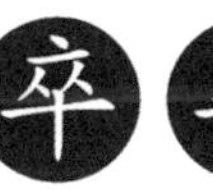
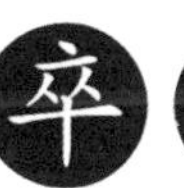
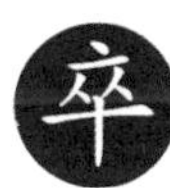
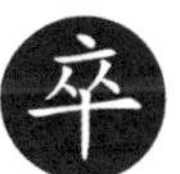

Übung 25:

Bitte identifizieren Sie alle Waffen und Soldaten.

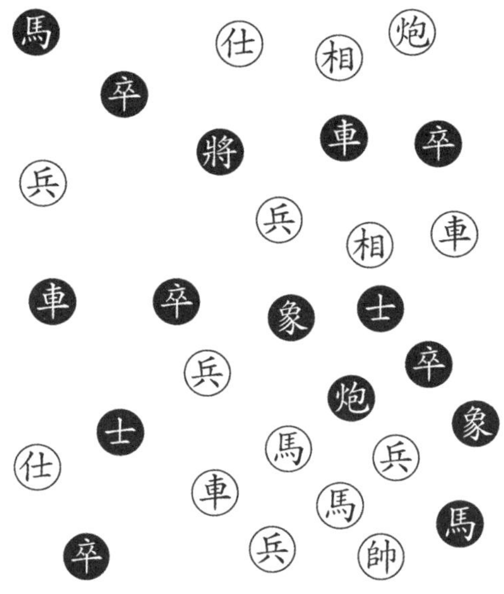

Übung 26:

Rot hat das Spiel dadurch eröffnet, mit seiner Kanone (炮) nach vorne zu ziehen. Kann Schwarz die Kanone (炮) mit seinen Soldaten (卒) schlagen?

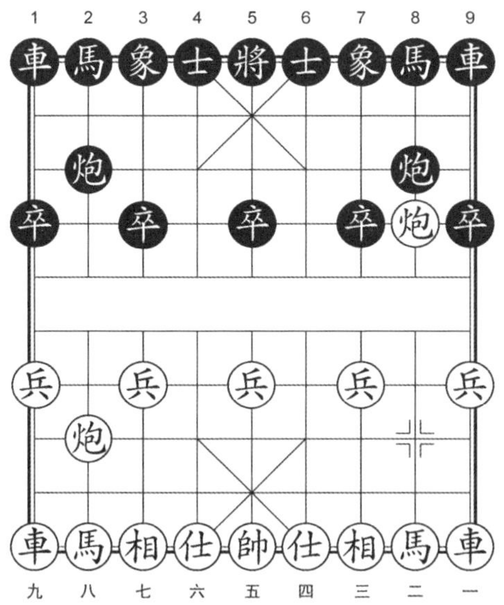

Übung 27:

Schwarz ist am Zug. Was ist der beste Zug für Schwarz?

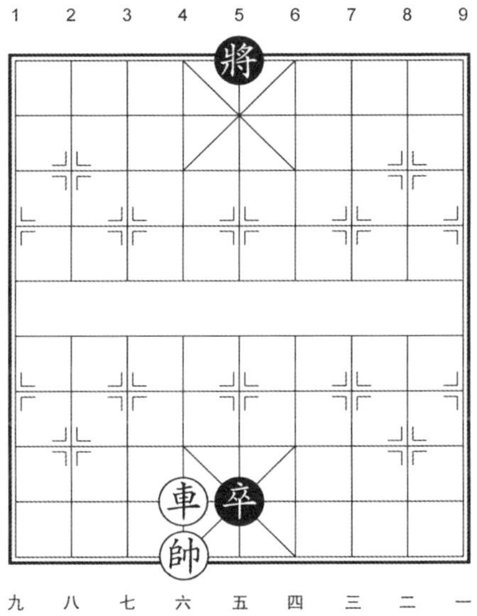

Übung 28:

Rot ist am Zug. Was ist der beste Zug für Rot?

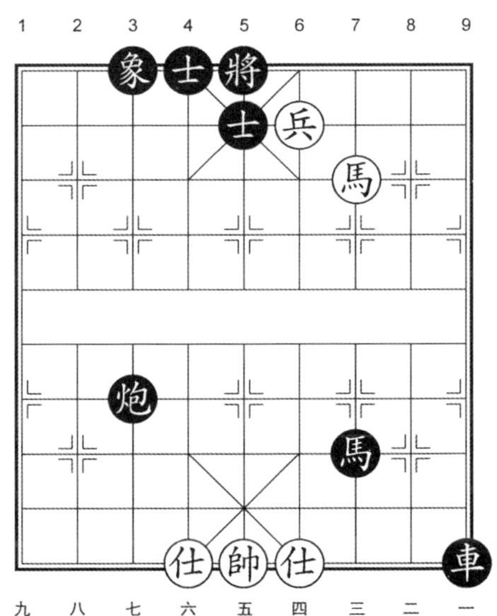

Lösung 25

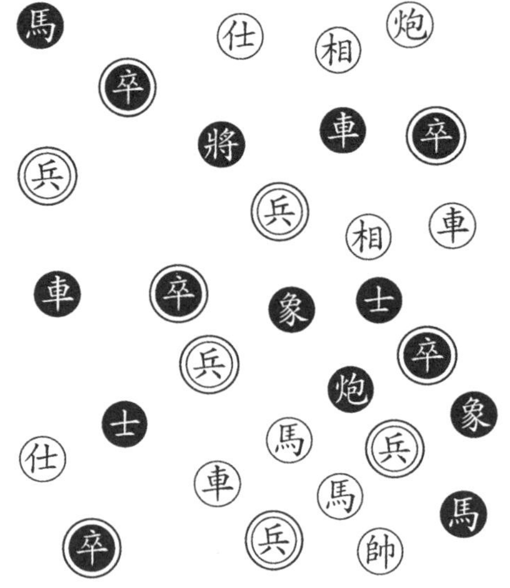

Lösung 26

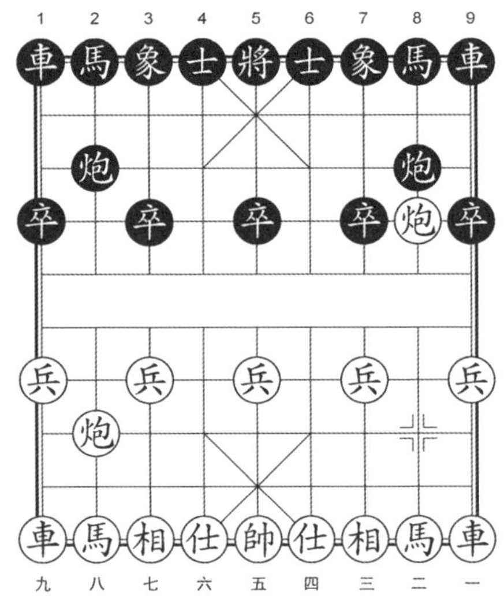

Schwarz kann die Kanone (炮) nicht schlagen, da Soldaten (卒) im eigenen Gebiet nur nach vorne gehen dürfen.

Lösung 27

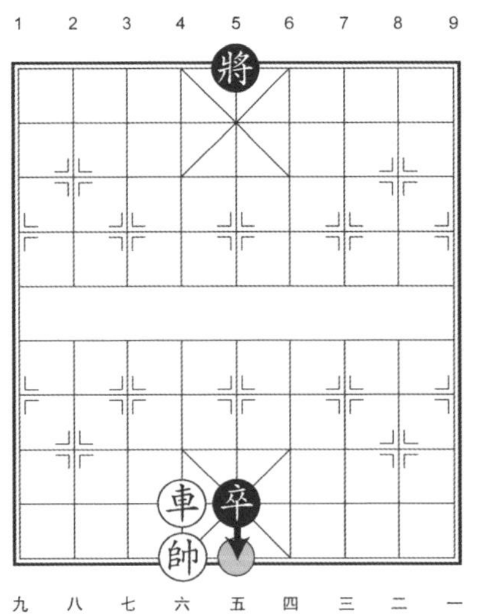

Schwarz zieht den Soldaten (卒) nach vorne und setzt Rot matt. Der Blickkontakt des Generals (將) deckt den Soldaten (卒).

Lösung 28

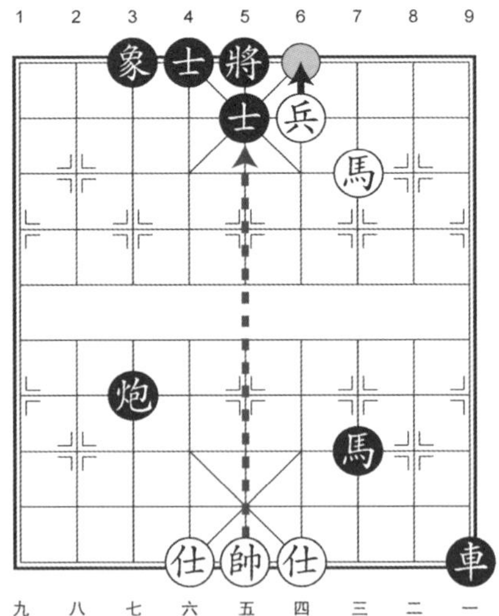

Die rote Waffe (兵) zieht vor und setzt Schwarz matt. Wegen des Blicks des Befehlshabers (帥) kann die Leibwache (士) den General (將) nicht schützen.

Zweiter Teil: Spieldurchführung

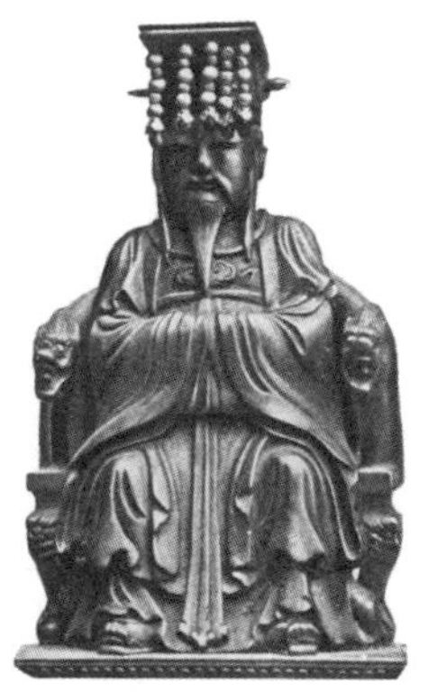

2 Spieldurchführung

Die Spieldurchführung ist der Einsatz des Spielmaterials im Spiel. Spielregeln legen dabei fest, wie mit dem Spielmaterial während eines Spiels umgegangen werden darf, um den Zweck des Spiels zu erreichen. Durch sie werden die geistigen Grenzen abgesteckt, in denen sich der Wettstreit abspielt.

Der Zweck des Spiels ist klar umgrenzt. Jede Seite versucht, den Gegner zu besiegen. Die Genugtuung eines Sieges liegt darin, dem anderen gedanklich immer einige Spielzüge voraus gewesen zu sein und diesen auf diese Weise in die Enge getrieben zu haben.

Um zu siegen, muss der Befehlshaber (帥) oder der General (將) der gegnerischen Seite in eine solche Situation gebracht werden, dass dieser einer Bedrohung nicht mehr entweichen kann. Das Ziel des Spiels ist es daher, die Bewegungsfreiheit des gegnerischen Befehlshabers (帥) oder Generals (將) einzuschränken. Ist der Befehlshaber (帥) oder General (將) bedroht, dessen Bewegungsfreiheit vollständig genommen und die Bedrohung kann nicht abgewehrt werden, ist das Ziel des Spiels erreicht und der Sieg hergestellt.

Auf das Ziel des Spiels wird langsam und in gegenseitigem Ringen hingearbeitet. Dies geschieht, indem die Spielfiguren aus einer Ausgangsstellung heraus ins Spiel gebracht werden. Hierbei ist die Maßgabe, entweder gegnerische Spielsteine zu schlagen oder wichtige Felder auf dem Spielbrett zu besetzen.

Durch taktische Zugkombinationen werden gegnerische Spielfiguren überwältigt und aus dem Spiel geworfen. Wird dies vollbracht, ohne eigene Spielsteine zu verlieren, war eine Zugkombination besonders erfolgreich. Im operativen Spiel sollte allerdings das Ziel des Spiels nie aus den Augen verloren werden. Es hilft zwar, gegnerische Spielfiguren zu schlagen und damit dem Gegner die Möglichkeit zu nehmen, eine Bedrohung abzuwehren. Aber es ist immer das Ziel, die Bewegungsfreiheit des gegnerischen Befehlshabers (帥) oder Generals (將) zu minimieren. Eine gegnerische Taktik kann sein, eigene Figuren zu opfern, um durch einen Stellungsvorteil einen Sieg herbeizuführen.

Neben dem Schlagen feindlicher Spielfiguren kann es sehr von Vorteil sein, taktisch wichtige Felder zu besetzen. Ein taktisch wichtiges Feld ist ein Knotenpunkt auf dem Spielbrett, von dem aus möglichst viele Felder mit der eigenen Spielfigur bedroht werden, auf die auch der Gegner ziehen möchte. Auf diese Weise wird der Bewegungsraum des Gegners eingeschränkt. Der Gegner kann in diesem Fall nur noch auf die von uns bedrohten Felder ziehen, wenn er seinen Figuren Rückendeckung gibt. Damit benötigt er mehr Züge, um sein Spiel zu entwickeln. Die Zwischenzeit kann von uns genutzt werden, gegen den Befehlshaber (帥) oder General (將) vorzugehen.

Dieser Rahmen, vom Spielbeginn angefangen bis hin zum Sieg einer Seite, wird durch die Spielregeln aufgespannt. In diesem Kapitel werden die Spielregeln des chinesischen Schachs vollständig dargestellt. Ziel ist es, die Bewegung und Möglichkeiten der einzelnen Spielfiguren in die Gesamtheit eines kompletten Spiels zu fassen.

An erster Stelle gehören zu den Spielregeln die Ausgangssituation und der Start eines Spiels. Es muss festgelegt werden, welche Spielfigur an welcher Stelle im Spiel beginnt und welche Seite mit dem ersten Zug beginnen darf.

Die Bewegungen und Zugmöglichkeiten einer Spielfigur sind ein fester Bestandteil der Regeln eines Spiels. Da diese grundlegend mit einer Spielfigur und ihrer Beschreibung verknüpft sind, wurden diese schon im vorangegangenen Kapitel dargestellt. In diesem Kapitel werden der Vollständigkeit halber eine Zusammenfassung und ein wiederholender Überblick der Zugregeln aller Spielfiguren gegeben.

Ein wichtiges Element einer Spielregel sind die Bedingungen, unter denen eine Seite gewonnen oder verloren hat. Die Bedingungen für einen Sieg oder eine Niederlage sind hier grundsätzlich zwischen dem chinesischen und dem europäischen Schach sehr ähnlich. In den Details zeigen sich jedoch einige Abweichungen, die in diesem Kapitel herausgearbeitet werden.

Neben Sieg und Niederlage gilt es, die Bedingungen für ein Unentschieden zu beleuchten. Ist für keine Seite ein Sieg möglich, wird ein Spiel als unentschieden gewertet. Die Spielsituationen, in denen ein Spiel unentschieden ausgeht, werden in diesem Kapitel aufgeführt.

Abschließend darf eine Darstellung der Notation des chinesischen Schachs nicht fehlen. Eine Notation ist die Konvention einer schriftlichen Aufzeichnung, in der ein Schachspiel protokolliert werden kann. Dadurch ist es möglich, den Spielfluss eines Schachspiels zu erfassen und für ein zukünftiges Nachspielen zugänglich zu machen.

2.1 Vorbereitung

Ein Spiel beginnt damit, jedem Spieler eine Spielfarbe zuzuweisen. Das kann entweder durch Losen oder durch eine Vereinbarung geschehen. Häufig wird eine Partie aus zwei Spielen gespielt, in der jeder Spieler einmal mit Rot und einmal mit Schwarz spielt.

Liegen die Spielfarben fest, wird das Spielbrett so ausgerichtet, dass die Kante des Spielbretts, die mit den chinesischen Zahlen beschriftet ist, zum Spieler mit der roten Spielfarbe zeigt. Der Spieler mit der schwarzen Spielfarbe sitzt gegenüber. Zu ihm zeigen die westlichen Zahlen.

Anschließend werden sämtliche Figuren auf fest vorgegebenen Plätzen im eigenen Gebiet aufgestellt. Die roten Figuren stehen in dem Gebiet, das mit den chinesischen Zahlen beschriftet ist, die schwarzen Figuren in dem Gebiet, deren Spalten mit den arabischen Zahlen markiert sind. Einen Überblick der Aufstellung gibt Abbildung 25. Im realen Spiel werden die schwarzen Spielfiguren so ausgerichtet sein, dass sie zum Spieler mit der schwarzen Farbe zeigen.

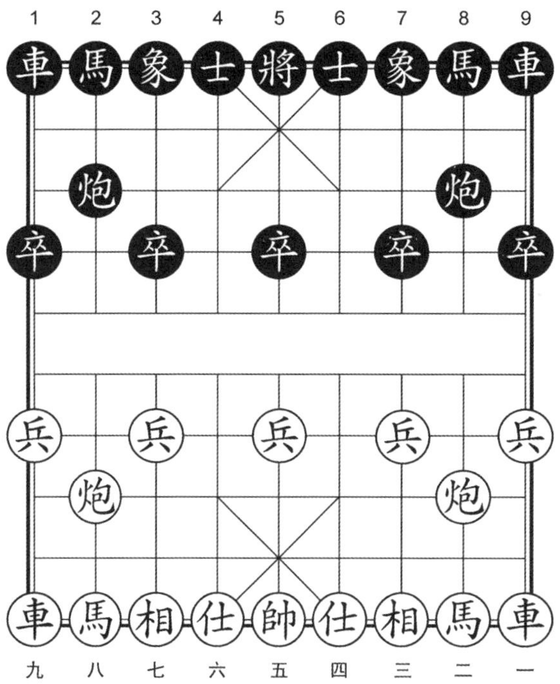

Abbildung 25: Startaufstellung der Spielfiguren

2.2 Durchführung

Das chinesische Schach ist analog dem europäischen Schach in Spielzüge gegliedert. Ein Spielzug ist das Bewegen genau einer Spielfigur der eigenen Farbe. Im Gegensatz zum europäischen Schach kennt das chinesische Schach keine Rochade, bei der zwei Spielfiguren in einem Spielzug bewegt werden. Generell darf jeder Spieler in einem Spielzug nur genau eine Figur der eigenen Farbe ziehen.

Der Spieler, dem die roten Spielfiguren zugeordnet sind, beginnt das Spiel. Er führt einen Spielzug aus, indem er eine Spielfigur seiner Farbe bewegt. Anschließend führt die schwarze Seite einen Spielzug aus. Auf diese Weise wechseln sich beide Seiten in ihren Spielzügen ab, bis eine Seite verloren hat oder ein Spiel als unentschieden erklärt wird.

Wie eine Spielfigur in einem Spielzug ziehen kann, wurde in Kapitel 1 ausführlich erläutert. Tabelle 10 und Tabelle 11 geben zusammenfassend einen Überblick über die Spielfiguren und ihre Zugmöglichkeiten.

Rot	Schwarz	Zugweise und Bewegungsraum
Befehlshaber 帥	General 將	Bewegung immer um einen Schritt horizontal oder vertikal Aufenthalt nur im eigenen Palast Kein direkter Sichtkontakt zwischen Befehlshaber (帥) und General (將)
Beamter 仕	Leibwache 士	Bewegung immer um einen Schritt diagonal Aufenthalt nur im eigenen Palast
Minister 相	Elefant 象	Bewegung immer um zwei Felder diagonal Ist das erste Feld von einer eigenen oder feindlichen Spielfigur besetzt, ist die zugehörige Zugrichtung blockiert Aufenthalt nur auf der eigenen Seite

Tabelle 10: Zugweisen der Spielfiguren (Teil 1)

Rot	Schwarz	Zugweise und Bewegungsraum
Pferd 馬	Pferd 馬	Bewegung immer um zwei Felder (erst gerade und dann schräg) Blockade, wenn das erste Feld durch eine eigene oder feindliche Figur besetzt ist Alle Felder des Spielbretts dürfen betreten werden
Streitwagen 車	Streitwagen 車	Bewegung um beliebig viele Felder horizontal oder vertikal Blockade durch eigene oder feindliche Spielfiguren; allerdings ist ein Schlagen einer feindlichen Spielfigur möglich Alle Felder des Spielbretts dürfen betreten werden
Kanone 炮	Kanone 炮	Bewegung um beliebig viele Felder horizontal oder vertikal Blockade durch eigene oder feindliche Spielfiguren Schlagen durch Überspringen genau einer eigenen oder feindlichen Spielfigur Alle Felder des Spielbretts dürfen betreten werden
Waffe 兵	Soldat 卒	Bewegung im eigenen Gebiet immer nur um einen Schritt nach vorne Veteranenstatus im feindlichen Gebiet; Bewegung nach vorne, links oder rechts Waffe (兵) und Soldat (卒) bleiben auch dann Waffe (兵) und Soldat (卒), wenn sie die Grundlinie des gegnerischen Gebietes erreicht haben Alle zugänglichen Felder dürfen betreten werden

Tabelle 11: Zugweisen der Spielfiguren (Teil 2)

Jede Spielfigur – ausgenommen der Befehlshaber (帥) und der General (將) – kann im Spielverlauf aus dem Spiel ausscheiden. Eine Spielfigur scheidet aus dem Spiel aus, wenn diese geschlagen wird. Das Schlagen einer Spielfigur wird durchgeführt, indem mit einer eigenen Spielfigur auf den Knotenpunkt gezogen wird, auf dem eine feindliche Spielfigur steht. Eine geschlagene Spielfigur ist für ein gesamtes Spiel dauerhaft entfernt. Das unterscheidet das chinesische Schach vom europäischen, das die Verwandlung eines Bauern (♙) in eine höherwertige geschlagene Spielfigur kennt. Diese Verwandlung gibt es beim chinesischen Schach nicht.

In manchen Spielsituationen kann es vorkommen, dass es für beide Spieler am besten ist, in einem nächsten Spielzug den vorangegangenen rückgängig zu machen und im übernächsten Spielzug wieder den ersten zu wiederholen. Auf diese Weise könnte das Spiel endlos weitergehen. Dies ist im chinesischen Schach verboten. Spätestens nach dem zweiten Hin und Her muss die Seite, die zuerst damit angefangen hat, einen anderen Spielzug vornehmen. Im europäischen Schach wäre dies ein Unentschieden!

2.3 Sieg und Niederlage

Zwischen Sieg und Niederlage liegt im chinesischen Schach häufig nur ein Spielzug. Sieg und Niederlage werden über die Hauptfiguren – Befehlshaber (帥) und General (將) – des Spiels entschieden. Generell gilt: Diejenige Seite hat verloren, deren Hauptfigur durch eine feindliche Spielfigur unmittelbar bedroht ist und weder ein Ausweichen noch ein Abwenden der Bedrohung möglich sind. Im Umkehrschluss hat diejenige Seite gewonnen, die die Bedrohung aufgebaut hat.

Eine Bedrohung liegt dann vor, wenn der Befehlshaber (帥) oder der General (將) durch eine Spielfigur der feindlichen Seite in deren nächsten Spielzug geschlagen werden könnte. Die Bedrohung einer Hauptfigur kann im Laufe eines Spiels öfters vorkommen.

Zu einem Sieg oder einer Niederlage wird eine Bedrohung erst, wenn die bedrohte Seite im nächsten Spielzug nicht die Bedrohung auflösen kann. Eine Bedrohung kann aufgelöst werden, indem die Hauptfigur aus der Bedrohung gezogen wird oder eine eigene Spielfigur die Hauptfigur schützt.

Ein Beispiel einer Bedrohung, die zugleich auch eine Niederlage ist, gibt Abbildung 26. Der Befehlshaber (帥) ist direkt durch den Streitwagen (車) der schwarzen Seite bedroht. Er könnte im nächsten Spielzug den Befehlshaber (帥) schlagen. Die rote Seite kann die Bedrohung nicht auflösen. Der Befehlshaber (帥) kann weder selbst durch einen Spielzug der Bedrohung entgehen, noch kann die rote Seite eine

Spielfigur zwischen den Befehlshaber (帥) und den Streitwagen (車) ziehen, um die Bedrohung abzuwenden.

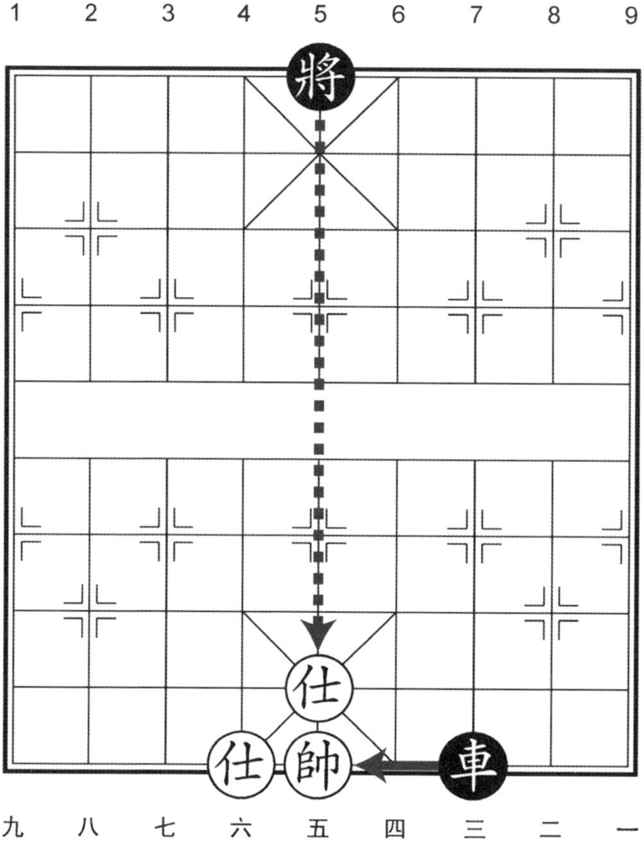

Abbildung 26: Beispiel einer Niederlage mit direkter Bedrohung

Im Gegensatz zum europäischen Schach kennt das chinesische Schach allerdings auch noch eine weitere Siegbedingung, die keine unmittelbare Bedrohung der Hauptfigur voraussetzt. Kann eine Seite nicht ziehen, ohne die Hauptfigur einer Bedrohung auszusetzen, hat diese ebenfalls das Spiel verloren. Im europäischen Schach wäre dies ein Patt und damit unentschieden!

Ein Beispiel gibt Abbildung 27. Die rote Seite kann keinen Spielzug vornehmen, ohne den Befehlshaber (帥) einer Bedrohung auszusetzen. Weder der Befehlshaber (帥) noch die Beamten (仕) können sich bewegen. Rot hat verloren.

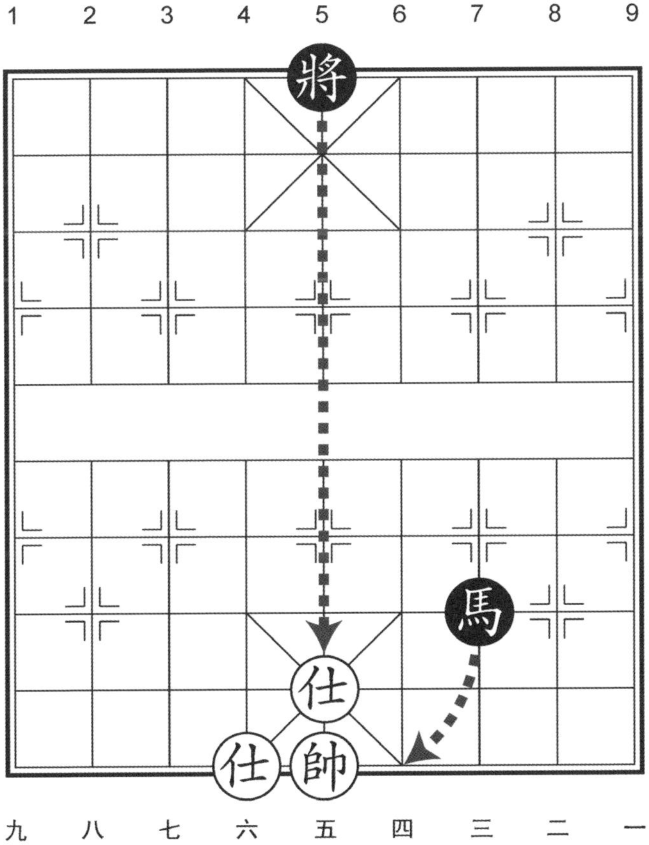

Abbildung 27: Beispiel einer Niederlage ohne eine direkte Bedrohung

2.4 Unentschieden

Ein Spiel ist dann unentschieden, wenn keine der beiden Seiten das Spiel gewinnen kann. Während das europäische Schach verschiedene Situationen kennt, in denen ein Spiel unentschieden ausgeht, gibt es im chinesischen Schach nur eine Situation: Keine Seite verfügt über Angriffsfiguren, die den Fluss überqueren können.

Ein Beispiel gibt Abbildung 28. Weder die rote noch die schwarze Seite besitzen Angriffsfiguren, die den gegnerischen Befehlshaber (帥) oder General (將) bedrohen können. Das Spiel ist unentschieden.

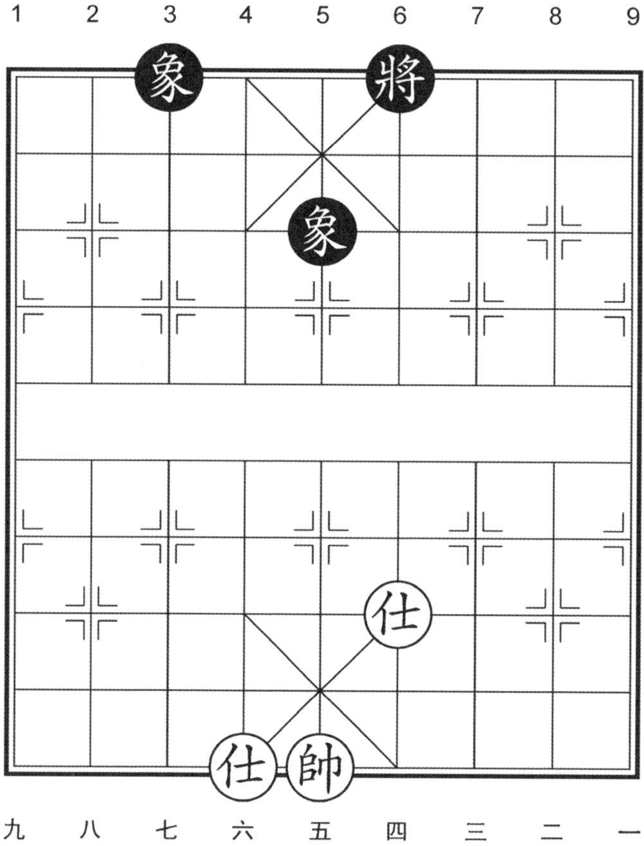

Abbildung 28: Beispiel eines Unentschiedens

Die Spielsituation eines Patts ist im chinesischen Schach unbekannt. Kann eine Seite nicht mehr ziehen, ist das Spiel für die betroffene Seite verloren (Abschnitt 2.3). Das mehrfache Wiederholen einer Spielsituation durch Hin- und Herziehen ist nicht erlaubt (Abschnitt 2.2).

2.5 Notation

Unter der Notation eines Schachspiels versteht man eine Konvention, ein Schachspiel schriftlich aufzuzeichnen. Die Notation setzt sich dabei immer aus Aufzeichnungspärchen zusammen, die einen Spielzug der roten und der schwarzen Seite umfassen. Die Aufzeichnung beginnt mit dem ersten Spielzug der roten Seite und endet mit dem Spielzug, mit dem eine der beiden Seiten gewinnt oder das Spiel unentschieden ausgeht.

Um einen Spielzug zu notieren, sind drei Informationen wichtig. Es ist zu beschreiben, welche Spielfigur (1) von wo aus (2) wohin (3) zieht. Die Notation eines Spielszugs muss also die Spielfigur, den Ausgangsort und den Zielort umfassen.

Um die Spielfigur zu beschreiben, wird in chinesischen Schachbüchern das chinesische Schriftzeichen verwendet. Im internationalen Bereich wird ein lateinischer Großbuchstabe benutzt. Der Großbuchstabe ist der Anfangsbuchstabe der englischen Bezeichnung für die Spielfigur. Die Bezeichnungen sind dabei an die englischen Namen im europäischen Schach angelehnt. Wo es kein Analogon der Spielfiguren gab, wurden neue Bezeichnungen erfunden.

Die lateinischen Großbuchstaben und die englischen Bezeichnungen können der Tabelle 12 entnommen werden. Da manche englische Bezeichnung von der wirklichen Bedeutung des chinesischen Schriftzeichens abweicht, lässt vermuten, dass Details bei der Namensvergabe keine Rolle gespielt zu haben scheinen.

Spielfigur	Schriftzeichen	Buchstabe	Bezeichnung
Befehlshaber und General	帥 und 將	K	King
Beamter und Leibwache	仕 und 士	A	Advisor / Guard
Minister und Elefant	相 und 象	E	Elephant / Bishop
Pferd	馬	H	Horse / Knight
Streitwagen	車	R	Rock
Kanone	炮	C	Cannon
Waffe und Soldat	兵 und 卒	P	Pawn

Tabelle 12: Lateinische Buchstaben in der englischen Notation

Die Notation von dem Ausgangs- und Zielort hängt davon ab, ob ein Spielbrett mit internationaler oder mit chinesischer Nummerierung verwendet wird.

2.5.1 Notation bei internationaler Nummerierung

Den Ausgangs- und den Zielort bei einem Spielbrett mit internationaler Nummerierung zu benennen, ist sehr einfach, da jedem Knotenpunkt genau eine Koordinate zugeordnet ist. Eine Koordinate wird dadurch benannt, indem die Spalte und die Zeile angegeben werden (z.B. a1).

Ein kompletter Spielzug aus Spielfigur, Ausgangs- und Zielort wird mit dem lateinischen Buchstaben der Spielfigur, der Koordinate des Ausgangsortes und der Koordinate des Zielortes beschrieben. Wird durch einen Spielzug der anderen Seite Schach geboten, so wird an das Ende der Notation ein Pluszeichen (+) gestellt. Beendet ein Spielzug ein Spiel, weil die gegnerische Seite schachmatt gesetzt wurde, wird an die Notation eine Raute (#) angehängt.

Zwei Beispiele gibt Abbildung 29. Auf der linken Seite wird durch den Streitwagen (車, R) Schach geboten, auf der rechten durch das Pferd (馬, H) matt gesetzt.

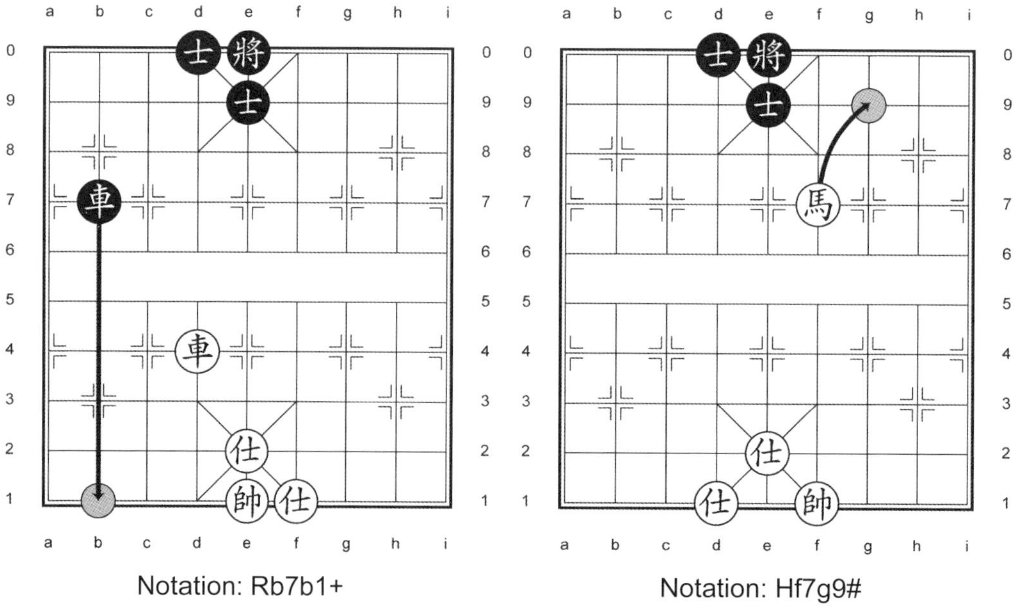

Abbildung 29: Beispiele für die Notation auf einem internationalen Brett

2.5.2 Notation bei chinesischer Nummerierung

Bemerkenswert bei der Notation nach chinesischer Nummerierung ist, dass die Notation für beide Seiten nach der gleichen Logik durchgeführt wird. Bedingt wird dies durch die gegenläufige Nummerierung der Spalten, die für jeden Spieler von rechts nach links verläuft (Abschnitt 1.1). Die Sichtweise beider Spielparteien auf die Notation ist also seitenneutral.

Um den Ausgangsort einer Spielfigur zu beschreiben, werden die Spaltennummern des Spielfelds verwendet. Die Spaltennummer wird unmittelbar hinter dem lateinischen Großbuchstaben geschrieben. Ein Beispiel, um zu beschreiben, dass eine Kanone (炮, C) in Spalte 2 zieht, wäre „C2“. Das ist dann eindeutig, wenn nur eine Spielfigur desselben Typs in einer Spalte steht. Sind dort zwei Figuren desselben Typs vorhanden, wird für die vordere Figur ein „f“ (front) und für die hintere Figur ein „r“ (rear) vor den Großbuchstaben gestellt.

Wie der Zielort eines Spielzuges notiert wird, hängt davon ab, ob die Spielfigur horizontal, vertikal oder schräg zieht. Bei einem vertikalen oder schrägen Spielzug ist zusätzlich zu berücksichtigen, ob dabei nach vorne oder nach hinten gezogen wird.

Zieht eine Spielfigur horizontal, wird als Zielort die Nummer der Zielspalte angegeben. Um den Spielzug als eine horizontale Bewegung zu kennzeichnen, wird zwischen die Nummer der Zielspalte und den Ausgangsort ein Gleichheitszeichen gestellt. Ein Beispiel für einen horizontalen Zug eines Streitwagens (車, R) aus Spalte 2 in Spalte 4 wäre „R2=4“.

Zieht eine Spielfigur vertikal, wird kein Zielort genannt. Da das chinesische Schachbrett nur Spaltennummern und keine Zeilennummern kennt, wäre das auch nicht möglich. Stattdessen wird die Anzahl der Felder angegeben, um die die Spielfigur vor- oder zurückzieht. Um einen Spielzug zu kennzeichnen, der nach vorne gerichtet ist, wird zwischen den Ausgangsort und die Anzahl der Felder ein Pluszeichen (+) gestellt. Ist der Spielzug nach hinten gerichtet, wird ein Minuszeichen (-) verwendet. Zöge der General (將, K) in Spalte 5 um ein Feld zurück, würde die Notation des Spielzugs „K5-1“ lauten. Zöge eine Waffe (兵, P) in Spalte 7 um ein Feld nach vorne, lautete die Notation „P7+1“.

Ein schräger Spielzug ist eine Kombination aus einer horizontalen und vertikalen Bewegung. In ähnlicher Weise ist auch die Notation des Zielorts aus den Notationen eines horizontalen und vertikalen Spielzugs gemischt. Zieht eine Spielfigur schräg, wird der Zielort über die Nummer der Zielspalte angegeben. Zusätzlich wird durch ein Plus- (+) oder Minuszeichen (-) gekennzeichnet, ob der Spielzug nach vorne oder nach hinten gerichtet ist. Zöge beispielsweise ein Pferd (馬, H) aus Spalte 2 nach links vorne in Spalte 3, so lautete die Notation „H2+3“. Zöge ein Minister (相, E) aus Spalte 7 schräg nach rechts vorne in Spalte 5, so lautete die Notation „E7+5“. Abbildung 30 gibt zwei Beispiele für schräge Spielzüge:

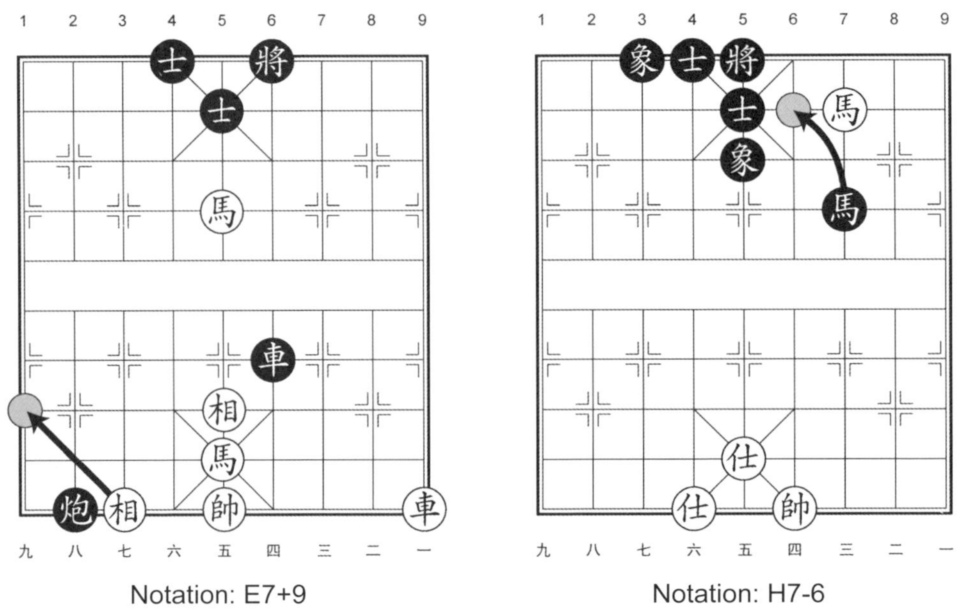

Abbildung 30: Beispiele für die Notation auf einem chinesischen Brett

Wird durch einen Spielzug der anderen Seite Schach geboten, so wird an das Ende der Notation des Spielzugs ein Pluszeichen (+) gestellt. Ein Beispiel wäre „R9=6+“. Die Bedeutung wäre: Der Streitwagen (車, R) zieht aus Spalte 9 horizontal in Spalte 6 und sagt Schach. Es sei darauf hingewiesen, dass die Kennzeichnung eines Schachs in der chinesischen Literatur meist nicht verwendet wird. Es wird davon ausgegangen, dass der Spieler die Situation selbst versteht.

Beendet ein Spielzug ein Spiel, weil die gegnerische Seite schachmatt gesetzt wurde, wird an die Notation des Spielzugs eine Raute (#) gestellt. Ein Beispiel wäre „R9=5#“. Auch dies ist in der chinesischen Literatur nicht üblich und wird meist von europäischen Schachspielern verwendet.

Übung 29:

Wie lautet die englische Notation der Spielzüge für Schwarz und Rot? ♣

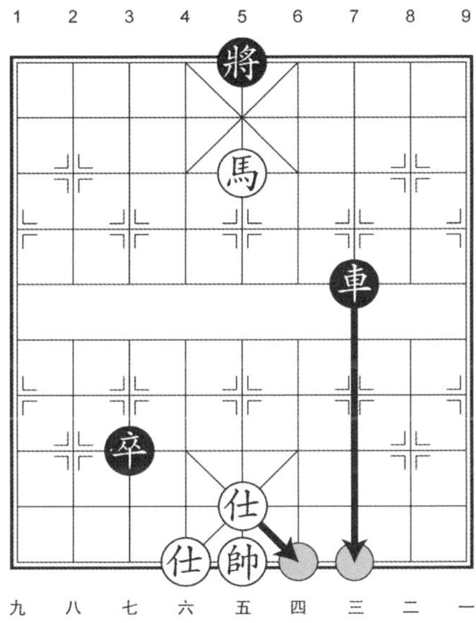

Übung 30:

Wie lautet die englische Notation der Spielzüge für Rot und Schwarz? ♠

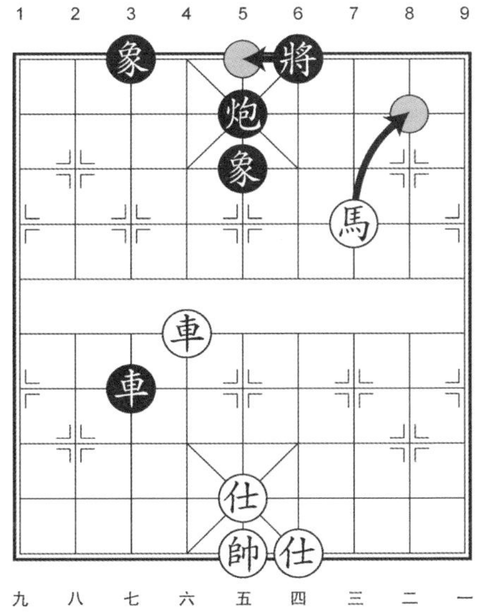

♣ Ü29: (S) R7+5+, (R) A5-4 ♠ Ü30: (R) H3+2+, (S) K6=5

Übung 31:

Wie lautet die englische Notation der Spielzüge für Schwarz und Rot? ♣

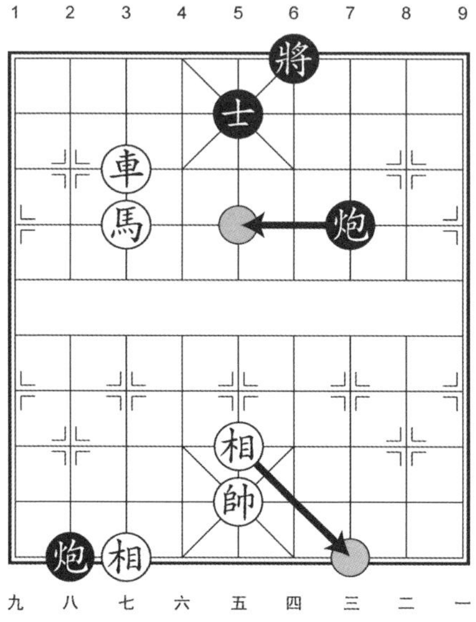

Übung 32:

Wie lautet die englische Notation der Spielzüge für Rot und Schwarz? ♠

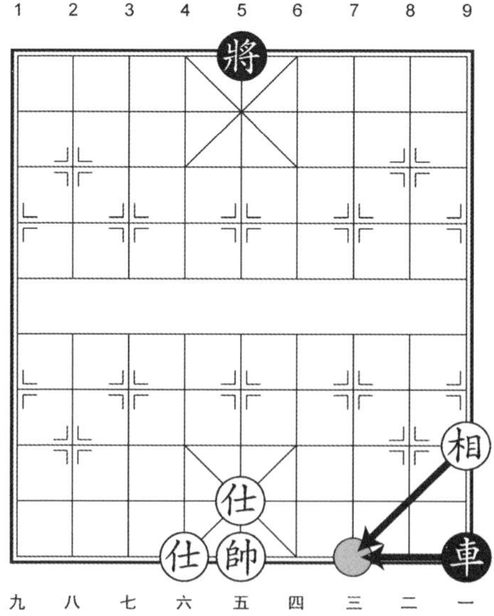

♣ Ü31: (S) C7=5+, (R) E5-3 ♠ Ü32: (R) E1-3, (S) R9=7#

Die chinesische Notation ist von den beiden aufgeführten Notationen die Konvention, in der, weltweit gesehen, die meisten Schachpartien aufgezeichnet sind. Allerdings werden in chinesischen Schachbüchern meistens nicht die englischen Abkürzungen der Spielfiguren, sondern deren chinesische Schriftzeichen verwendet. Auch werden die Zahlen der roten Seite in chinesischen Zahlen geschrieben. Zusätzlich werden vorwärts bzw. rückwärts gerichtete Züge auch über chinesische Schriftzeichen kenntlich gemacht. Für einen europäischen Schachspieler ist es lohnend, sich mit der chinesischen Notation vertraut zu machen, da es durch ihre Kenntnis möglich wird, Schachpartien in chinesischen Schachbüchern nachzuvollziehen, ohne der chinesischen Sprache mächtig zu sein.

Generell unterscheiden sich die englische und die chinesische Notation inhaltlich nicht. Der einzige Unterschied liegt darin, dass sowohl die Spielfiguren als auch die Zuganweisungen in chinesischen Schriftzeichen angegeben sind. Da die Angaben in beiden Notationen bezüglich ihrer Reihenfolge identisch sind, ist es möglich, eine Zuganweisung, die in der chinesischen Notation geschrieben wurde, Zeichen für Zeichen in die englische Notation zu überführen. Dazu ist es ausreichend zu kennen, welches chinesische Schriftzeichen in welches Schriftzeichen unseres Alphabets transformiert werden muss.

Die Transformation des Schriftzeichens einer Spielfigur in den zugehörigen lateinischen Großbuchstabens wurde schon zu Beginn dieses Kapitels behandelt. Wer das chinesische Schach mit chinesischen Spielfiguren kennengelernt hat, dem wird das Erkennen der Spielfigur in der chinesischen Notation nicht schwer fallen.

Etwas schwieriger ist es, die Orts- oder Richtungsangabe zu erkennen. Während die englische Notation hierzu die Zeichen „+“, „-“ und „=“ verwendet, werden in der chinesischen Notation hierfür Schriftzeichen benutzt. Ein nach vorne gerichteter Zug (+) wird durch ein „进“ (jìn, gesprochen „dschin“) gekennzeichnet, ein nach hinten gerichteter Zug (-) ist durch ein „退“ (tuì, gesprochen „tui“). Ein waagerechter Zug (=) ist mit einem „平“ (pīng, gesprochen „ping“) versehen. Es ist üblich, die Spaltenangaben für den Spielzug einer roten Spielfigur in chinesischen Zahlen zu schreiben (Abschnitt 1.1). Die Spaltenangaben des Spielzugs einer schwarzen Spielfigur erfolgen in den uns gebräuchlichen Zahlen.

Stehen zwei gleiche Figuren in einer Spalte, so wird keine Startspalte angegeben. Es wird stattdessen über ein Präfix angegeben, ob die vordere oder die hintere Figur zieht. Die vordere Figur wird über das Präfix „前“ (qián, gesprochen „tschjän“) gekennzeichnet, die hintere Figur über das Präfix „后“ (hòu, gesprochen „hou“).

Zusätzlich sei erwähnt, dass es in der chinesischen Notation nicht üblich ist, ein Schach oder Schachmatt am Ende eines Zuges zu vermerken. Das ergibt sich aus dem Kontext.

Einige Beispiele gibt Tabelle 13. Es ist möglich, die Zeichen eins zu eins in die englische Notation zu transformieren.

Chinesisch	將 5 进 1	炮八平四	相五退三	士 6 退 5
Englisch	K5+1	C8=4	E5-3	A6-5
Figurenfarbe	Schwarz	Rot	Rot	Schwarz

Tabelle 13: Beispiele für Spielzüge in der chinesischen und englischen Notation

Sofern ein Leser häufiger Schachpartien nachspielen möchte, die in der chinesischen Notation geschrieben sind, ist es hilfreich, sämtliche Zeichen auf einen Blick zusammengestellt zu haben. Eine vollständige Übersicht der Transformationen der einzelnen chinesischen Zeichen in die Buchstaben unseres Alphabets gibt Tabelle 14.

CH	帥, 將	仕, 士	相, 象	馬	車	炮	兵, 卒
EN	K	A	E	H	R	C	P

CH	一	二	三	四	五	六	七	八	九
EN	1	2	3	4	5	6	7	8	9

CH	进	退	平	前	后
EN	+	-	=	front	rear

Tabelle 14: Transformation der Schriftzeichen der chinesischen Notation (CH) in die englische Notation (EN)

Übung 33:

Die unten aufgeführte Tabelle zeigt den Beginn eines Spiels, das in der chinesischen Notation aufgezeichnet wurde.[6] Übertragen Sie die Spielzüge in die englische Notation und vollziehen Sie die Spielzüge auf einem Spielbrett nach.

01	炮二平五	炮 2 平 5	02	马八进七	马 2 进 3
03	车九平八	卒 3 进 1	04	马二进三	炮 8 平 6
05	仕六进五	卒 7 进 1	06	车一平二	马 8 进 7
07	车二进六	车 9 平 8	08	车二平三	车 8 进 2
09	炮八平九	炮 5 退 1	10	车八进八	象 3 进 5
11	兵五进一	马 3 进 4	12	车八平六	马 4 进 3
13	兵五进一	马 3 进 5	14	炮九平五	炮 6 退 1
15	车六退五	炮 6 平 9	16	马七进五	炮 5 平 7
17	车三平四	卒 5 进 1	18	帅五平六	马 7 进 8
19	炮五进三	炮 7 平 5	20	炮五平二	炮 5 进 5
21	马三进五	车 8 进 2	22	马五进四	车 8 退 3
23	车四平九	车 1 平 3	24	车九平一	车 8 平 2
25	车一平六	士 4 进 5	26	马四进三	炮 9 平 6
27	后车平四	车 2 平 4	28	车四平六	车 4 进 2
29	车六进三	卒 3 进 1	30	马三退四	炮 6 进 1
31	相七进五	卒 3 进 1	32	兵三进一	卒 3 进 1
33	车六退二	卒 3 进 1	34	兵三进一	象 5 进 7

Die Lösung befindet sich auf der nächsten Seite.

[6] 朱宝位, 象棋入门, 2009

Lösung 33:

Bitte finden Sie anbei die Lösung zur Aufgabe 33.

01	C2=5	C2=5	02	H8+7	H2+3
03	R9=8	P3+1	04	H2+3	C8=6
05	A6+5	P7+1	06	R1=2	H8+7
07	R2+6	R9=8	08	R2=3	R8+2
09	C8=9	C5-1	10	R8+8	E3+5
11	P5+1	H3+4	12	R8=6	H4+3
13	P5+1	H3+5	14	C9=5	C6-1
15	R6-5	C6=9	16	H7+5	C5=7
17	R3=4	P5+1	18	K5=6	H7+8
19	C5+3+	C7=5	20	C5=2	C5+5
21	H3+5	R8+2	22	H5+4	R8-3
23	R4=9	R1=3	24	R9=1	R8=2
25	R1=6	A4+5	26	H4+3	C9=6
27	rR=4	R2=4	28	R4=6	R4+2
29	R6+3	P3+1	30	H3-4	C6+1
31	E7+5	P3+1	32	P3+1	P3+1
33	R6-2	P3+1	34	P3+1	E5+7

Dritter Teil: Spieltaktik

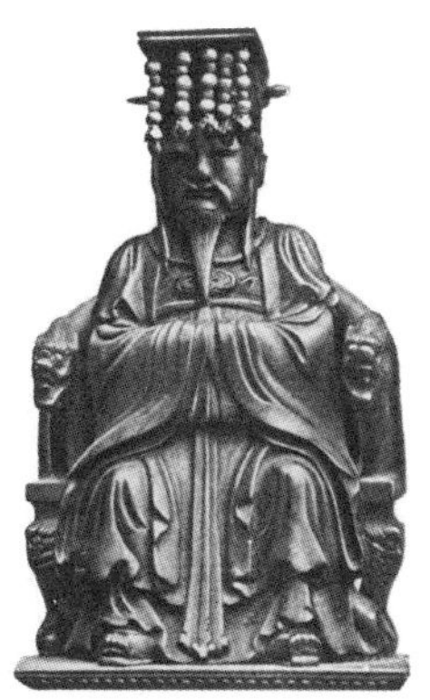

3 Spieltaktik

Die Spieltaktik beschreibt den Einsatz des Spielmaterials während eines Spiels. Zweck der Spieltaktik ist es, einen Spieler in eine gute Spielsituation zu bringen. Eine gute Spielsituation liegt dann vor, wenn entweder dem Gegner mehr Spielsteine abgenommen wurden, als man selbst verloren hat. Aber auch eine Stellung auf dem Spielbrett, die dem Gegner kaum mehr Raum zum Manövrieren lässt, kann ein taktischer Vorteil sein. Erst die Kombination aus Anzahl der Spielsteine und Stellung auf dem Spielbrett machen eine Taktik erfolgreich. Je besser eine Stellung auf dem Spielbrett ist, mit desto weniger Spielsteinen kann ein Spiel dennoch gewonnen werden. Insbesondere dadurch, dass Befehlshaber (帥) und General (將) ihren Palast nicht verlassen dürfen, macht eine gute Spielstellung einen Rückstand an Spielsteinen leicht wett.

Je nach Spielsituation kann eine Taktik die eigene Stellung verbessern oder verschlechtern. Eine Spieltaktik ist also nicht immer erfolgreich. Es müssen die notwendigen Voraussetzungen für einen Erfolg gegeben sein. Gelingt es, den Gegner im richtigen Moment mit einer unbekannten Taktik zu überraschen, ist der Erfolg allerdings sicher. Im Schach werden Spieltaktiken generell drei Spielphasen zugeordnet.

Die erste Phase des Spiels wird als Eröffnung bezeichnet. Die Eröffnung eines Spiels ist dadurch gekennzeichnet, dass jeder Spieler seine Spielfiguren aus den Anfangspositionen heraus ins Spiel bringt. Die gewählte Taktik bei der Spieleröffnung legt daher die Grundlage für das Spiel.

In der zweiten Phase des Spiels ringen beide Seiten darum, eine gute Spielstellung zu aufzubauen und den Gegner zu bedrohen und einzuengen. Dabei verringert sich stetig die Anzahl der Spielfiguren auf dem Spielbrett. Diese Spielphase wird als Mittelspiel bezeichnet.

Sind nur noch wenige Figuren übrig, so beginnt die letzte Phase des Spiels, das Endspiel. Im Wettlauf gegen die Zeit versuchen beide Seiten, mit wenigen Spielfiguren den Gegner in eine tödliche Enge zu treiben. Schon kleine Fehler können im Endspiel zu einer Niederlage führen. Es ist besonders wichtig, den Gegner in Zugzwang zu halten. Ein nicht wohlüberlegter Zug kann den Spieß umdrehen und macht aus dem Jäger den Gejagten.

Bevor Eröffnung, Mittelspiel und Endspiel näher betrachtet werden, soll allerdings in einer allgemeinen Analyse der Stärken und Schwächen einzelner Spielfiguren eingegangen werden.

3.1 Analyse der Spielfiguren

Sobald man einige Spiele chinesischen Schachs gespielt hat, wird schnell klar, dass die einzelnen Spielfiguren unterschiedliche Spielstärken besitzen. Bei einem Abtausch von Spielfiguren wird es also meistens von Vorteil sein, eine schwächere eigene Spielfigur gegen eine stärkere Spielfigur des Gegners zu tauschen. Basierend auf Erfahrungswerten gibt es ein Punktesystem, das die Spielstärke einzelner Spielfiguren bemisst. Dieser Spielfigurenwert kann als Entscheidungshilfe bei einem Abtausch herangezogen werden. Die Werte sind in Tabelle 15 zusammengestellt. Da je nach Spielsituation der Wert einzelner Spielfiguren variieren kann, sollte allerdings bei einer Beurteilung immer die Spielstellung einbezogen werden!

Rote Seite		**Schwarze Seite**		**Spielfigurenwert**
Name	**Symbol**	**Name**	**Symbol**	**in Punkten**
Befehlshaber	帥	General	將	∞
Beamter	仕	Leibwache	士	2
Minister	相	Elefant	象	2
Pferd	馬	Pferd	馬	4
Wagen	車	Wagen	車	10
Kanone	炮	Kanone	炮	5
Waffe	兵	Soldat	卒	1 (eigenes Gebiet) 1,5 bis 3 (fremdes Gebiet)

Tabelle 15: Spielfigurenwerte

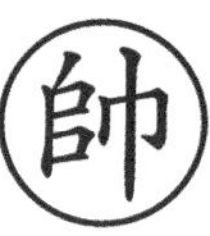
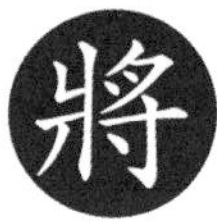

Befehlshaber (帥) und General (將) sind ohne Zweifel die wichtigsten Spielfiguren. Ihr Wert kann nicht gemessen werden, da ohne sie das Spiel verloren ist. Man könnte ihren Spielfigurenwert daher auch als Unendlich bezeichnen. Zu Beginn des Spiels sind Befehlshaber (帥) und General (將) spieltechnisch gesehen recht wertlos. Sie können keine gegnerischen Spielfiguren bedrohen. Im Gegenteil, sie müssen durch andere Figuren beschützt werden. Hat im Mittel- oder Endspiel die Anzahl der Spielfiguren abgenommen, steigt ihre spieltechnische Bedeutung allerdings beträchtlich. Da sich Befehlshaber (帥) und General (將) nicht in offener Linie gegenüberstehen dürfen, können sie leicht dem Gegner zu einem Bedrängnis werden.

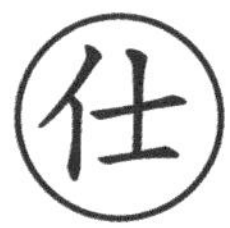
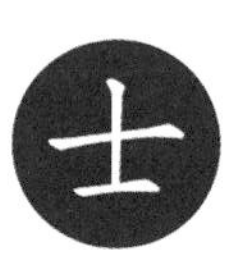

Der Bewegungsraum von Beamten (仕) und Leibwachen (士) ist im gesamten Spiel auf nur fünf Spielfelder des Palastes beschränkt. Ihre Aufgabe ist es, den Befehlshaber (帥) oder General (將) zu beschützen. Ihre spieltechnische Verwendung im Eröffnungs- oder Mittelspiel ist daher beschränkt. Im Endspiel können sie allerdings als Abschusspunkt für eine Kanone verwendet werden. Ein häufiger Defensiveinsatz ist es, den Befehlshaber (帥) oder General (將) vor einer Kanone (炮) oder einem Streitwagen (車) zu schützen. Generell wird ihr Spielfigurenwert nur mit 2 Punkten angesetzt.

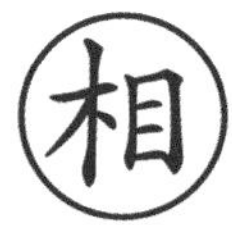
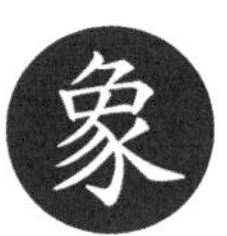

Minister (相) und Elefant (象) können den Fluss nicht überqueren. Ihr Hauptzweck ist der Schutz des Palastes. Ein typischer Zug ist es, einen Minister (相) oder Elefanten (象) vor den Befehlshaber (帥) oder General (將) zu ziehen, um den Angriff einer Kanone (炮) abzuwehren. Auf diese Weise schützen Minister (相) und Elefanten (象) den Palast und decken sich gegenseitig. Ihr Spielfigurenwert ist mit 2 Punkten angesetzt und entspricht dem eines Beamten (仕) oder einer Leibwache (士).

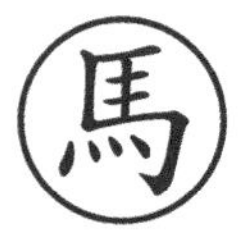
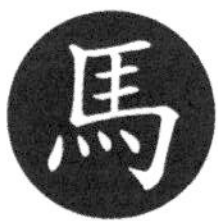

Das Pferd (馬) kann acht Felder gleichzeitig bedrohen. Seine Stärke entfaltet es daher dann, wenn sich das Kampfgeschehen auf einen Teilbereich des Spielbretts beschränkt. Es ist in diesem Fall wirkungsvoller als ein Streitwagen (車) oder eine Kanone (炮). Allerdings mindert sich sein Wert sofort, wenn über größere Entfernungen angegriffen werden muss. Da das Pferd (馬) durch andere Figuren blockiert werden kann, ist besonders zu Beginn des Spiels sein Wert gemindert. Oft stehen Waffe (兵) und Soldat (卒) auf den Linien 3 (三) und 7 (七) bei einer Spieleröffnung den Pferden (馬) im Wege. Daher ist der Figurenwert eines Pferds (馬) nur mit 4 Punkten angesetzt.

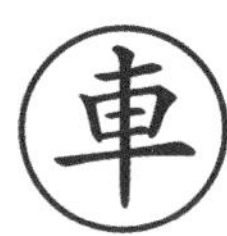

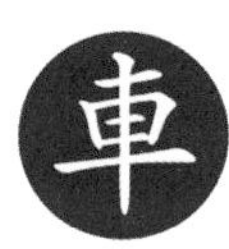

Der Streitwagen (車) ist unumstritten die mächtigste Spielfigur. Er kann vier Richtungen gleichzeitig bedrohen und sich schnell von einer Seite des Spielbretts auf die andere bewegen. Nicht umsonst sind die Streitwagen (車) zu Beginn des Spiels in den Ecken aufgestellt. Es sollte daher ein vordringliches Ziel im Eröffnungsspiel sein, die Streitwagen (車) aus ihren Ecken herauszubewegen. Ihr Spielfigurenwert ist mit 10 Punkten angesetzt.

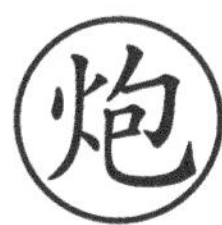

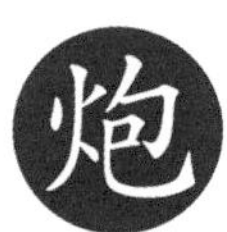

Durch ihre Eigenschaft, sich schnell bewegen und über eine weite Entfernung schlagen zu können, ist die Kanone (炮) eine sehr kraftvolle Spielfigur. Ihren größten Vorteil spielt die Kanone (炮) im Eröffnungs- und Mittelspiel aus, wenn viele Spielfiguren sich gegenseitig in ihrer Bewegung blockieren, aber der Kanone (炮) als Abschlussrampe dienen. Wenn im Endspiel die Anzahl der Spielfiguren abgenommen hat, sinkt die Möglichkeit, die Kanone (炮) einzusetzen. Dennoch ist ihr Spielfigurenwert mit 5 Punkten höher als der Wert eines Pferds (馬) bewertet.

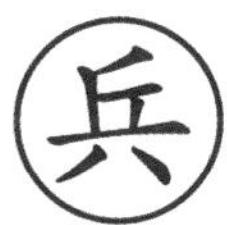

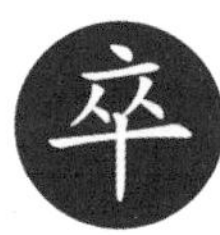

Waffe (兵) und Soldat (卒) sind die schwächsten Spielfiguren. Da sie immer nur um ein Feld bewegt werden können, sind sie für einen Überraschungsangriff nicht zu verwenden. Im Eröffnungsspiel dienen Waffe (兵) und Soldat (卒) der Verteidigung des eigenen Territoriums. Auf den Linien 3 (三) und 7 (七) blockieren sie allerdings die eigene Reiterei. Es ist also von Vorteil, sich hier schnell Raum zu verschaffen. Waffe (兵) und Soldat (卒) auf der Linie 5 (五) hingegen sind existenziell für die Verteidigung des Palastes. Ziel vieler Eröffnungen ist es, Waffe (兵) oder Soldat (卒) auf Linie 5 (五) zu schlagen oder zu verteidigen. Besonders als Abschussrampe für eine Kanone (炮), die direkt den feindlichen Palast bedroht, sind Waffe (兵) oder Soldat (卒) auf Linie 5 (五) sehr wichtig. Die volle Wirkung von Waffe (兵) und Soldat (卒) entfaltet sich meist im Endspiel. Hier kann der Vorsprung einer Waffe (兵) oder eines Soldaten (卒) den Sieg bedeuten. Besonders, wenn der Fluss überquert wurde, können Waffe (兵) und Soldat (卒) zu einer tödlichen Bedrohung des Befehlshabers (帥) oder Generals (將) werden. Der Spielfigurenwert von Waffe (兵) und Soldat (卒) ist 1 Punkt, wenn sich die Spielfigur im eigenen Gebiet befindet. Im feindlichen Gebiet steigt ihr Wert auf bis zu 3 Punkte.

3.2 Typische Mattsituationen

Ziel des Spiels ist es, den gegnerischen Befehlshaber (帥) oder General (將) matt zu setzen. Es liegt daher nahe, sich im Rahmen der Spieltaktik mit der Situation zu beschäftigen, die letztendlich zum Sieg geführt hat.

Da jedes Schachspiel anders verläuft, wäre es vermessen, alle Matt-Situationen aufführen zu wollen. Dennoch hat jede Art von Spielfigur ihre eigene Besonderheit, zum Matt des Gegners beizutragen. Es kann einem Anfänger daher helfen, sich mit typischen Spielzügen und den generellen Möglichkeiten eines Matts auseinanderzusetzen. Dadurch kann gelernt werden, welche Figuren zusammenspielen können, um ein Spiel siegreich zu beenden. Im Folgenden werden daher Spielsituationen betrachtet, in denen der koordinierte Einsatz zweier oder mehrerer Spielfiguren eine Niederlage des Gegners bewirkt.

Lachen aus 1000 Meilen Entfernung

Befehlshaber (帥) und General (將) dürfen sich nie in einer offenen Linie gegenüberstehen. Um den Gegner matt zu setzen, können sie daher wie ein Streitwagen (車) verwendet werden. Der siegreiche Befehlshaber (帥) oder General (將) kann „aus 1000 Meilen Entfernung lachen".

Ohne die rote Waffe (兵) könnte der General (將) mit dem Streitwagen (車) mattgesetzt werden, da der Befehlshaber (帥) die Mittellinie blockiert. Daher muss Rot versuchen, die Waffe (兵) los zu werden.

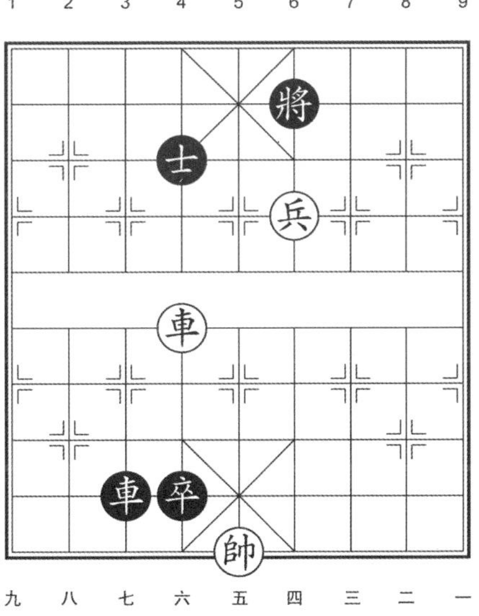

	Rot	Schwarz
1.	P4+1+ (兵四进一)	K6-1 (將 6 退 1)
2.	P4+1+ (兵四进一)	K6+1 (將 6 进 1)
3.	R6=4# (車六平四)	

Kanone hinter Pferd

Kanone (炮) und Pferd (馬) können einen Gegner matt setzen. Das Pferd (馬) beschränkt dabei die Bewegungsfreiheit des Gegners. Die Kanone (炮) verwendet anschließend das Pferd (馬) als Abschussrampe.

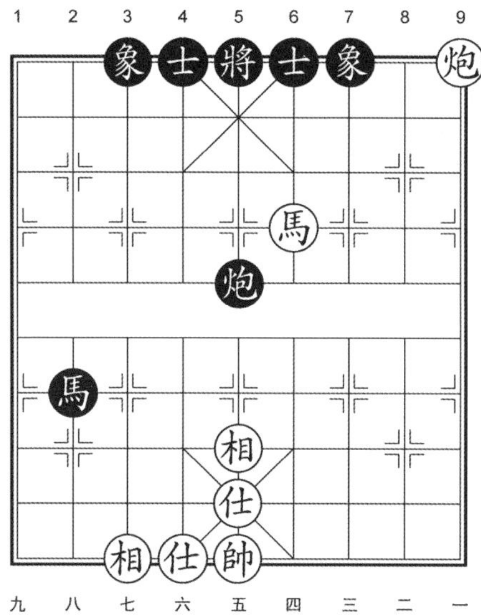

Um den General (將) aus seiner Verteidigung zu zwingen, sagt Rot mit dem Pferd (馬) Schach. Die Bewegungsfreiheit des Generals (將) wird dadurch auf die Horizontale beschränkt. Anschließend kann mit der Kanone (炮) ein Matt erfolgen.

	Rot	Schwarz
1.	H4+3+	K5+1
	(馬四进三)	(將 5 进 1)
2.	C1-1#	
	(炮一退一)	

Doppelte Kanonen

Zwei Kanonen (炮), die zentral auf den Palast zielen, können zu einer großen Gefahr für den Befehlshaber (帥) oder General (將) werden, sobald Linie 5 (五) offen ist. Start aus der Ausgangsstellung:

	Rot	Schwarz
1.	C2=5	H8+9
	(炮二平五)	(馬 8 进 9)
2.	C5+4	R9=8
	(炮五进四)	(車 9 平 8)
3.	C8+2	H2+3
	(炮八进二)	(馬 2 进 3)
4.	C8=5#	
	(炮八平五)	

Der erstickte König

Beamte (仕) und Leibwachen (士) schützen zwar den Befehlshaber (帥) oder General (將), aber engen zugleich dessen Bewegungsraum ein. Das kann zu einer tödlichen Falle werden. Ein Beispiel gibt die abgebildete Spielstellung: Eine einzige Kanone (炮) auf der rechten Grundlinie von Schwarz würde ausreichen, damit Rot das Spiel gewinnt. Wenn es den Elefanten (象) nicht geben würde. Dennoch hat Schwarz keine Chance.

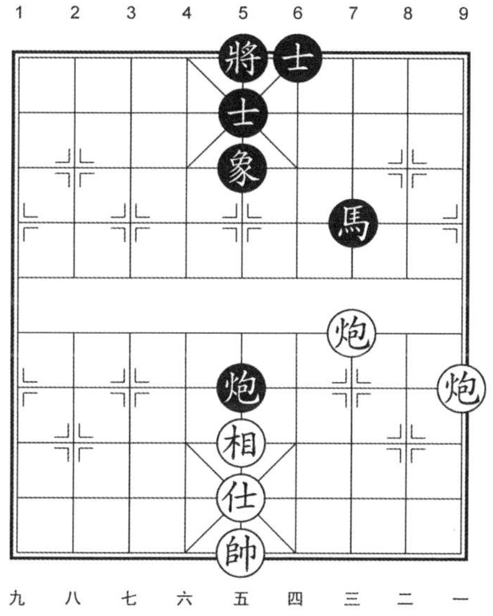

	Rot	Schwarz
1.	C1+6+	E5-7
	(炮一进六)	(象 5 退 7)
2.	C3+5#	
	(炮三进五)	

Eiserne Klatsche

Auch wenn der Palast durch seine Verteidigungsfiguren gut geschützt ist, kann über eine Kanone (炮) eine Fesselung der Verteidigung erreicht werden. Um zu siegen, genügt es dann, die Flanke des Palastes anzugreifen.

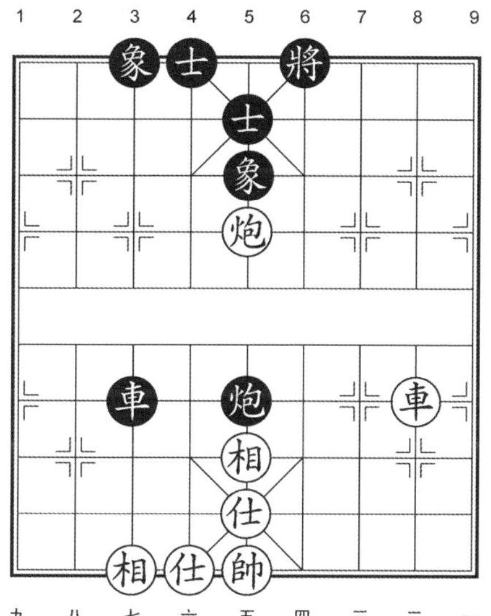

	Rot	Schwarz
1.	R2=4+	K6=5
	(車二平四)	(將 6 平 5)
2.	K5=4	C5+2
	(帥五平四)	(炮 5 进 2)
3.	R4+6#	
	(車四进六)	

Die rote Kanone (炮) in Linie 5 (五) verhindert, dass Schwarz den Angriff abwehren kann.

Dolch in der Seite

Haben sich Befehlshaber (帥) oder General (將) im Palast verschanzt, so kann die Verteidigung mit einem Pferd (馬) durchbrochen werden. Eine zweite Figur setzt anschließend den Gegner matt. Ein Beispiel gibt die folgende Stellung: Der General (將) hat sich durch Leibwachen (士) und Elefanten (象) verschanzt. Dennoch kann das Pferd (馬) die Flanke des Palastes angreifen. Der Streitwagen (車) setzt den Gegner anschließend matt.

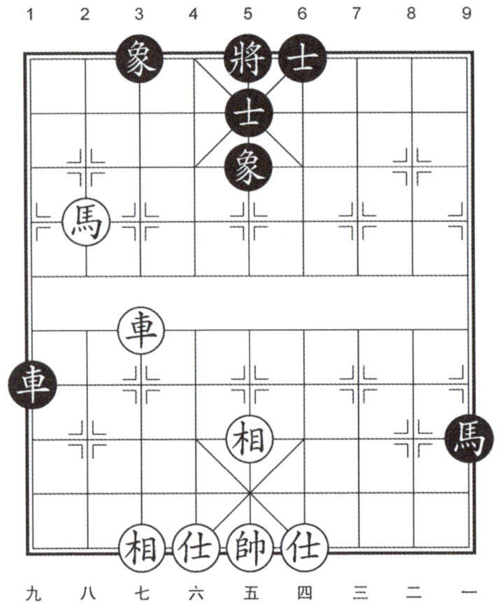

	Rot	Schwarz
1.	H8+7+ (馬八进七)	K5=4 (將 5 平 4)
2.	R7=6+ (車七平六)	A5+4 (士 5 进 4)
3.	R6+3# (車六进三)	

Fischendes Pferd

Ohne von der Palastverteidigung daran gehindert zu werden, kann ein Pferd (馬) immer das Zentrum des Palastes bedrohen. Es blockiert damit den Fluchtweg des Gegners und wartet, bis die Falle zuschnappt.

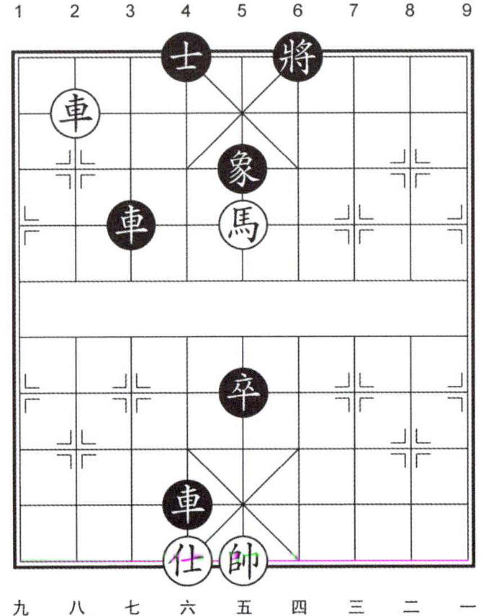

	Rot	Schwarz
1.	H5+3+ (馬五进三)	K6=5 (將 6 平 5)
2.	R8=2 (車八平二)	E5-7 (象 5 退 7)
3.	R2+1 (車二进一)	R3=6 (車 3 平 6)
4.	R2=3+ (車二平三)	R6-3 (車 6 退 3)
5.	R3=4# (車三平四)	

Seitlich schauender Tiger

Da sich Befehlshaber (帥) und General (將) nur senkrecht oder waagerecht bewegen können, kann schon ein Pferd (馬), das soeben den Fluss überschritten hat, ihre Bewegungsmöglichkeit drastisch einschränken. Eine Kanone (炮) oder ein Streitwagen (車) setzen anschließend den Gegner matt.

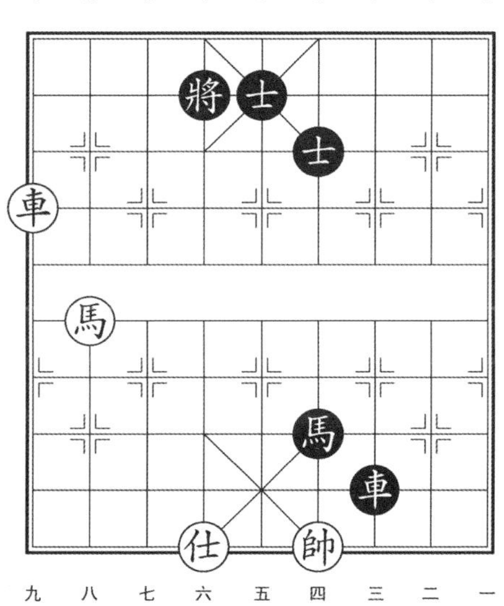

	Rot	Schwarz
1.	H8+7+	K4-1
	(馬八进七)	(將 4 退 1)
2.	R9+3#	
	(車九进三)	

Das Pferd (馬) blockiert den Fluchtweg. Der General (將) ist matt. Es war tödlich, bei blockierter Palastmitte am Rand des Palastes zu stehen.

Das Herz ausstechen

Ist die Flanke des Palastes durch eine Kanone (炮) gefesselt, kann mit einer Waffe (兵), einem Soldaten (卒) oder einem Streitwagen (車) dessen Mitte angegriffen und der Gegner mattgesetzt werden.

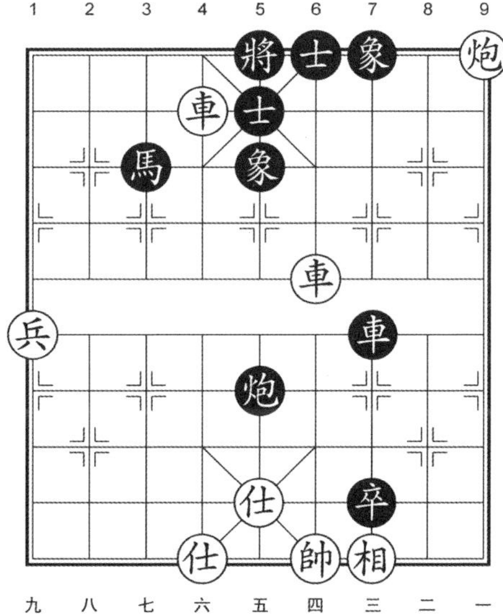

	Rot	Schwarz
1.	R6=5+	K5+1
	(車六平五)	(將 5 进 1)
2.	R4+3+	K5-1
	(車四进三)	(將 5 退 1)
3.	R4+1+	K5+1
	(車四进一)	(將 5 进 1)
4.	R4-1#	
	(車四退一)	

Die mächtige Verteidigung des Zentrums hatte keinen Wert.

Zwei Geister klopfen an die Türe

Gelingt es zwei Waffen (兵) oder Soldaten (卒), bis zum feindlichen Palast vorzudringen, kann der Gegner durch eine Zangenbewegung mattgesetzt werden. Ein Beispiel gibt die folgende Spielstellung.

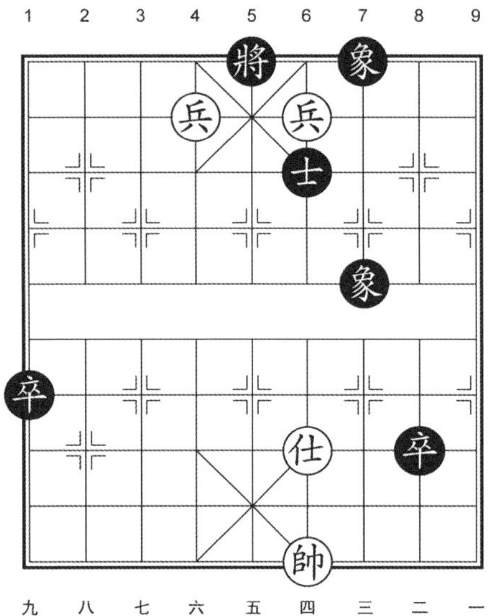

Rot muss mit dem Befehlshaber (帥) der linken Waffe (兵) Deckung geben, damit diese nach vorne laufen kann.

	Rot	Schwarz
1.	A4-5	P8=7
	(仕四退五)	(卒 8 平 7)
2.	K4=5	P7+1
	(帥四平五)	(卒 7 进 1)
3.	K5=6	A6-5
	(帥五平六)	(士 6 退 5)
4.	P6=5#	
	(兵六平五)	

3.3 Eröffnung

Zu Beginn eines Spiels sind sämtliche Spielfiguren auf wenigen Linien des Spielbretts konzentriert. Sie behindern sich gegenseitig. Zweck der Eröffnung ist es daher, eine gute Spielposition für das Mittelspiel zu entwickeln und die kompakte Ausgangssituation zu lösen. Ein Sieg in einer Spieleröffnung ist unwahrscheinlich und nur dann möglich, wenn der Gegner ein Anfänger im chinesischen Schach ist.

Ziel ist es, die Spielfiguren in besonders vorteilhafte Angriffs- und Verteidigungspositionen zu bringen. Da Sieg und Niederlage mit der Gefangennahme des Befehlshabers (帥) oder Generals (將) zusammenhängen, spielt der Palast bei der Definition einer vorteilhaften Position für Angriff und Verteidigung eine große Rolle. Aus diesem Grund wird sich ein wichtiges Spielgeschehen meist auf den Linien 4 (四), 5 (五) und 6 (六) des Spielfelds ereignen. In der Eröffnung auf diesen Linien zu dominieren, kann daher als vorteilhaft bezeichnet werden.

Da die Kanone (炮) aus großer Entfernung den Palast angreifen kann, ist es Ziel vieler Eröffnungen, diese auf den zentralen Linien in Stellung zu bringen. Insbesondere auf der Linie 5 (五) kann die Kanone (炮) schnell zu einer großen Bedrohung werden. Die Kanone (炮) bleibt dabei auf der eigenen Seite des Spielfelds stehen und behindert durch eine indirekte Bedrohung des gegnerischen Befehlshabers (帥) oder Generals (將) die Bewegungsfreiheit des Gegners. Gleichzeitig erhöht sich die eigene Verteidigungskraft, da der Palast gedeckt wird.

Betrachtet man im Weiteren die Ausgangssituation des chinesischen Schachs genau, so fällt auf, dass Streitwagen (車) und Pferde (馬) in den Ecken des Spielfelds stehen. Hier sind sie besonders unwirksam. Es wird daher ein weiteres Sinnen einer Eröffnung sein, diese aus den Ecken heraus in die Mitte des Spielfelds zu bewegen. Hierzu ist es meist notwendig, Waffen (兵) und Soldaten (卒) auf den Linien 3 (三) und 7 (七) nach vorne zu bewegen. Minister (相) und Elefanten (象) können ihnen dabei Deckung geben, indem diese nach vorne auf die Linie 5 (五) bewegt werden. Sie schützen dabei zusätzlich den eigenen Palast gegen Angriffe mit einer Kanone (炮).

Generell entscheidet ein geschickt kombinierter Einsatz von Kanone (炮), Pferd (馬) und Streitwagen (車), ob das Ziel einer Eröffnung erreicht wird. Auf den Punkt bringt es eine chinesische Weisheit: „Ist ein Streitwagen (車) in den ersten drei Zügen nicht bewegt worden, ist er für das Spiel verloren."

Zentrale Kanone und Flankenverteidigung

Eine oft beobachtete Spieleröffnung durch Rot ist es, eine der beiden Kanonen (炮) in die Mitte zu ziehen und den zentralen Soldaten (卒) auf Linie 5 (五) zu bedrohen. Eine Antwort durch Schwarz ist in diesem Fall, seine Pferde (馬) zur Verteidigung aus der Flanke auf die Linien 3 (三) und 7 (七) zu ziehen und dabei gleichzeitig für eine Offensive in Stellung zu bringen.

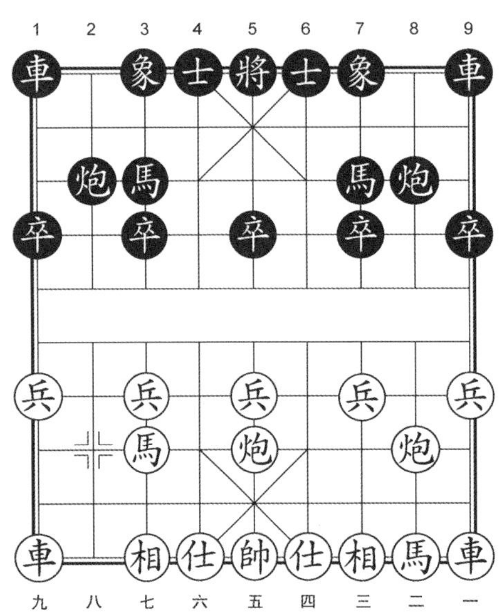

	Rot	Schwarz
1.	C8=5	H2+3
	(炮八平五)	(馬 2 进 3)
2.	H8+7	H8+7
	(馬八进七)	(馬 8 进 7)

Rot bedroht den zentralen Soldaten (卒) und wird im Folgenden versuchen, den Druck auf das Zentrum zu erhöhen. Schwarz hat mit den zwei Pferden (馬) eine solide Verteidigung aufgebaut.

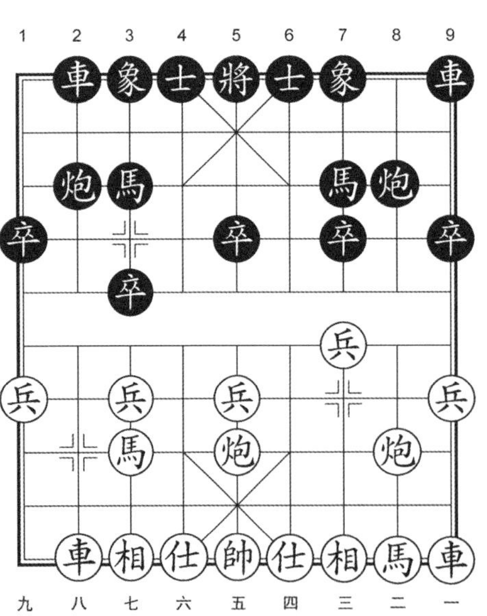

	Rot	Schwarz
3.	R9=8	R1=2
	(車九平八)	(車 1 平 2)
4.	P3+1	P3+1
	(兵三进一)	(卒 3 进 1)

Beide Seiten befreien ihre Streitwagen (車) und bereiten einen späteren Einsatz vor. Die Waffe (兵) zieht nach vorne, um dem Pferd (馬) in Linie 2 (二) den Weg zu öffnen. Damit seine zwei Pferde (馬) nicht blockiert werden, muss Schwarz auch seinen Soldaten (卒) nach vorne ziehen.

Im den nächsten Zügen geht Rot in die Offensive. Sein Streitwagen (車) in Linie 8 (八) ist frei für einen Angriff. Außerdem kann das Pferd (馬) in Linie 2 (二) an die Front gebracht werden.

	Rot	Schwarz
5.	H2+3	A6+5
	(馬二进三)	(士 6 进 5)
6.	R8+6	C2=1
	(車八进六)	(炮 2 平 1)

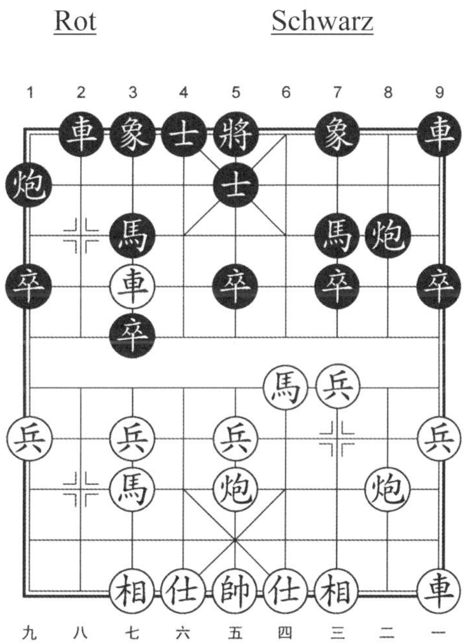

Schwarz bietet einen Abtausch der Streitwagen (車) an, worauf Rot verständlicher Weise nicht eingeht.

7.	R8=7	C1-1
	(車八平七)	(炮 1 退 1)
8.	H3+4	
	(馬三进四)	

Auch wenn Rot sehr offensiv vorgegangen ist, ist Schwarz gut verteidigt. Aber sein zentraler Soldat (卒) ist durch drei Figuren bedroht: Rot kann mit dem Streitwagen (車), der zentralen Kanone (炮) oder dem Pferd (馬) zuschlagen. Schwarz verteidigt nur mit seinen Pferden (馬). Ein nächster Zug wäre es, die Kanone (炮) in Spalte 3 zu ziehen.

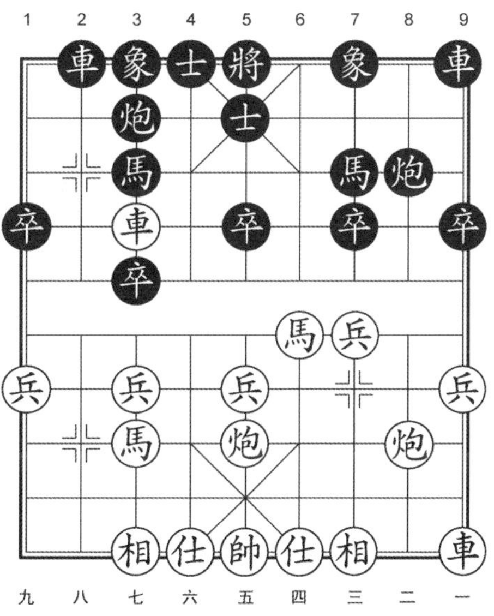

8.		C1=3
		(炮 1 平 3)

Ein zentraler Angriff würde für Rot hohe Verluste bedeuten. Beide Seiten haben eine aggressive Eröffnung gewählt.

Den Fluss schützende Kanone

Wie so oft, beginnt diese Eröffnung damit, dass Rot im ersten Zug seine Kanone (炮) auf der zentralen Linie 5 (五) in Stellung bringt. Schwarz erwidert, indem er seine zwei Pferde (馬) zur Deckung des Zentrums nach vorne zieht. Beide Seiten versäumen es auch nicht, die Streitwagen (車) aus ihren Ecken zu befreien.

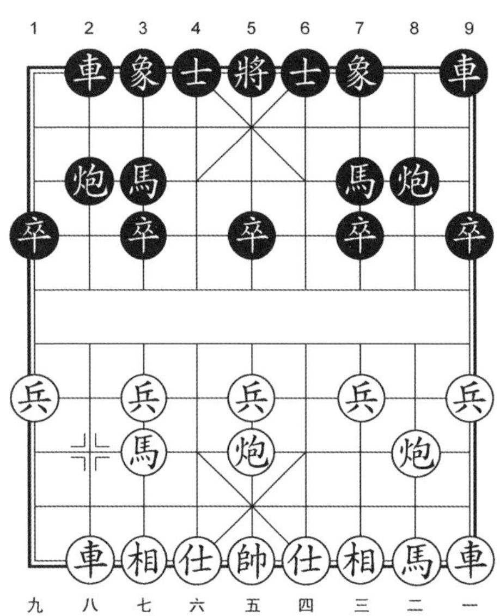

	Rot	Schwarz
1.	C8=5	H2+3
	(炮八平五)	(馬 2 进 3)
2.	H8+7	H8+7
	(馬八进七)	(馬 8 进 7)
3.	R9=8	R1=2
	(車九平八)	(車 1 平 2)

Die Waffe (兵) zieht nach vorne, um dem Pferd (馬) in Linie 2 (二) den Weg frei zu machen. Damit seine Pferde (馬) nicht blockiert sind, muss Schwarz auch seinen Soldaten (卒) nach vorne ziehen.

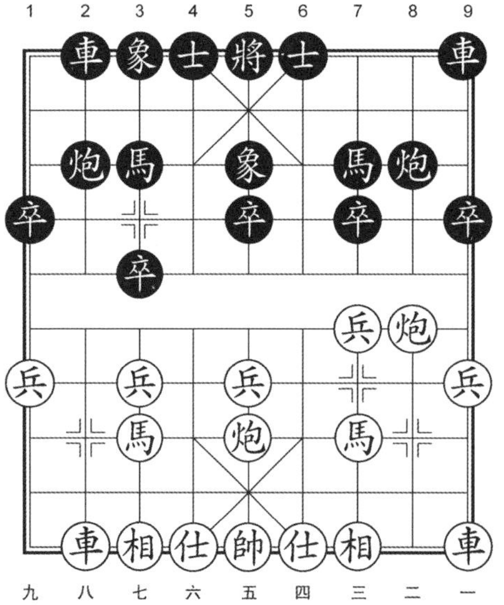

	Rot	Schwarz
4.	P3+1	P3+1
	(兵三进一)	(卒 3 进 1)
5.	H2+3	E7+5
	(馬二进三)	(象 7 进 5)
6.	C2+2	
	(炮二进二)	

Durch den Zug mit der Kanone (炮) gibt Rot seiner Waffe (兵) in Spalte 7 (七) Deckung beim Vormarsch. Die Absicht ist, die Waffe (兵) gegen den Soldaten (卒) zu tauschen und den Weg für das Pferd (馬) in Spalte 7 (七) zu ebnen.

Bauernflanke nach vorne

In diesem Abschnitt wird eine weitere Spielvariante betrachtet, die sich aus einer zentral gestellten roten Kanone (炮) ergeben kann. Die ersten drei Züge ähneln denen der vorangegangenen Abschnitte.

	Rot	Schwarz
1.	C8=5	H2+3
	(炮八平五)	(馬 2 进 3)
2.	H8+7	R1=2
	(馬八进七)	(車 1 平 2)
3.	R9=8	H8+7
	(車九平八)	(馬 8 进 7)

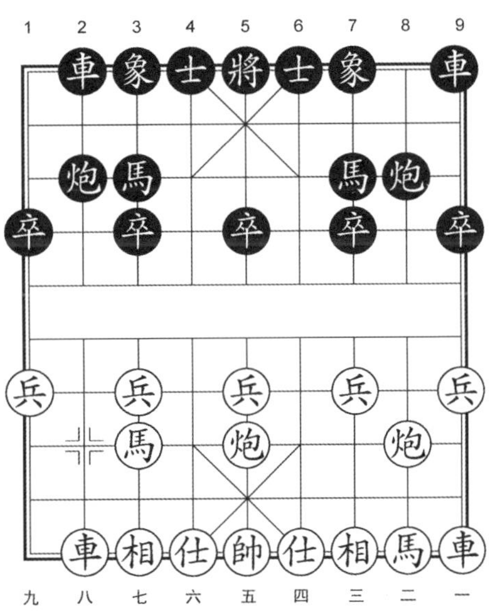

Um die Pferde (馬) zu befreien, ziehen Waffe (兵) und Soldat (卒) vor. Rot zieht sein Pferd (馬) an den Rand und befreit den Streitwagen (車). Das schwächt die Mitte! Schwarz blockiert Linie 1 (一) mit dem Soldaten (卒) und öffnet Linie 9 für den Streitwagen (車).

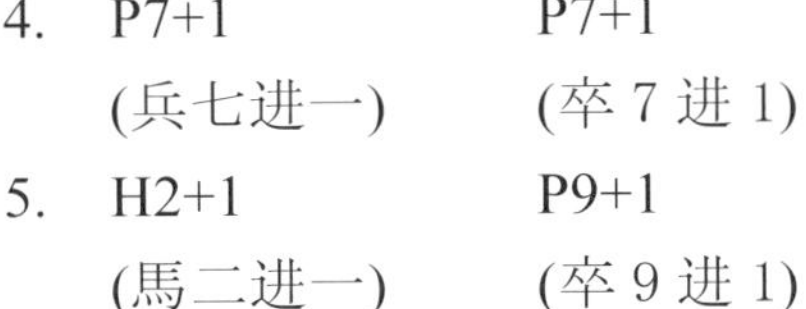

4.	P7+1	P7+1
	(兵七进一)	(卒 7 进 1)
5.	H2+1	P9+1
	(馬二进一)	(卒 9 进 1)

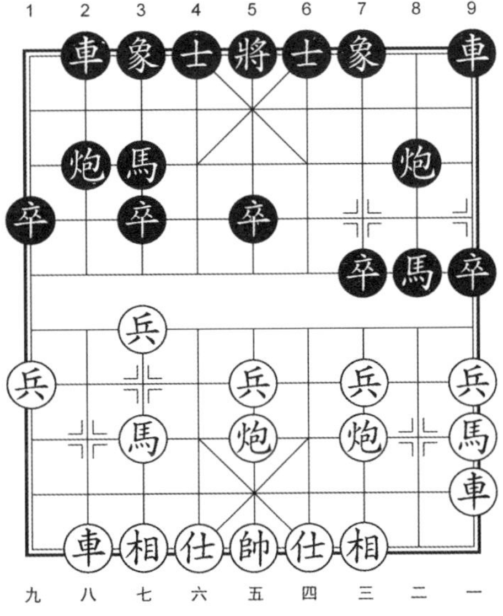

Rot bewegt die Kanone (炮) aus Linie 2 (二), die jetzt von der schwarzen Kanone (炮) blockiert ist. Der Streitwagen (車) rückt vor und ist nun auch befreit.

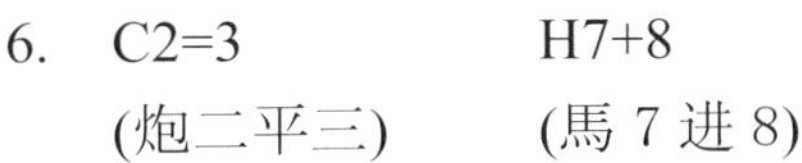

6.	C2=3	H7+8
	(炮二平三)	(馬 7 进 8)
7.	R1+1	
	(車一进一)	

Angriff im Zentrum

Viele Eröffnungen zielen darauf ab, das Zentrum und damit Waffe (兵) und Soldat (卒) in Linie 5 (五) zu schützen. Hier soll eine Taktik betrachtet werden, die davon abweicht. Die ersten drei Züge sind aus den vorherigen Abschnitten bekannt.

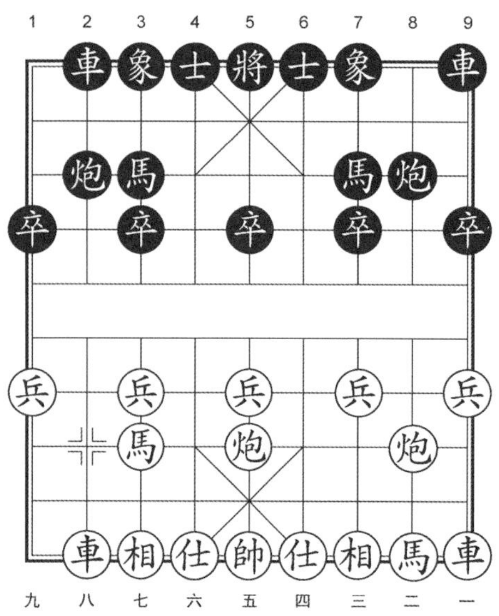

	Rot	Schwarz
1.	C8=5	H2+3
	(炮八平五)	(馬 2 进 3)
2.	H8+7	H8+7
	(馬八进七)	(馬 8 进 7)
3.	R9=8	R1=2
	(車九平八)	(車 1 平 2)

Rot bringt das zweite Pferd (馬) ins Spiel. Schwarz zieht seinen Soldaten (卒) in Linie 7 vor und befreit als erster sein Pferd (馬). Rot erwidert nicht, sondern greift im Zentrum an. Die Waffe (兵) in Linie 5 (五) zieht vor. Schwarz schützt das Flussufer mit seiner Kanone (炮). Rot zieht das Pferd (馬) aus Linie 3 (三) in das Zentrum.

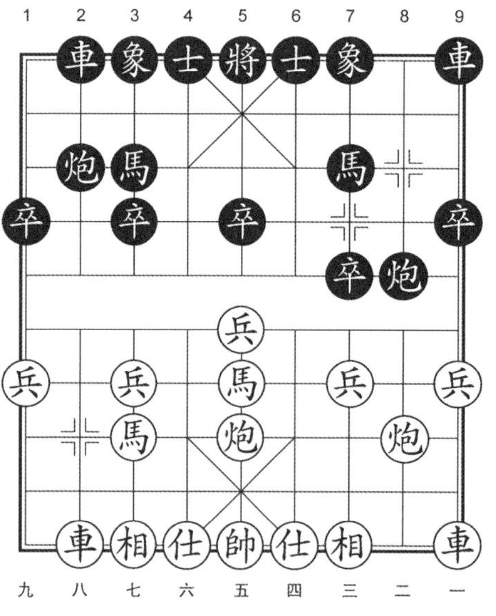

4.	H2+3	P7+1
	(馬二进三)	(卒 7 进 1)
5.	P5+1	C8+2
	(兵五进一)	(炮 8 进 2)
5.	H3+5	
	(馬三进五)	

Das Pferd (馬) und die Kanone (炮) sind nun eine starke Bedrohung, sobald die Waffe (兵) oder der Soldat (卒) in Linie 5 (五) geschlagen werden.

Seitlich schützende Kanone

Die vorangegangenen Beispiele haben gezeigt, welche Vorteile Rot durch eine zentrale Kanone (炮) haben kann. Dieser Abschnitt zeigt eine weitere Möglichkeit, wie Schwarz den Angriff auf sein Zentrum abwehren kann.

	Rot	Schwarz
1.	C8=5	H8+7
	(炮八平五)	(馬 8 进 7)
2.	H8+7	C2=4
	(馬八进七)	(炮 2 平 4)
3.	R9=8	H2+3
	(車九平八)	(馬 2 进 3)

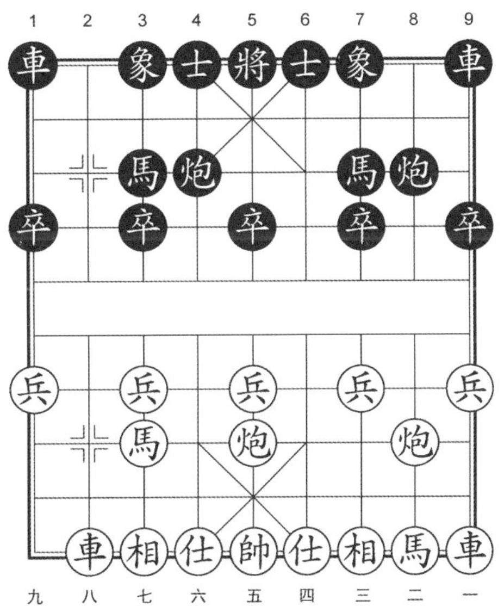

Die schwarze Kanone (炮) blockiert das rote Pferd (馬) in Linie 2 (二), da C4+5 (炮 4 进 5) droht. Nachteil für Schwarz ist, dass nur ein Pferd (馬) das Zentrum verteidigt. Rot könnte einen Beamten (仕) in Linie 5 (五) ziehen, um sich gegen die Kanone (炮) zu verteidigen. Das wäre ein Tempoverlust für Rot, der daher in Linie 7 (七) vorrückt.

4.	P7+1	P7+1
	(兵七进一)	(卒 7 进 1)
5.	H7+6	
	(馬七进六)	

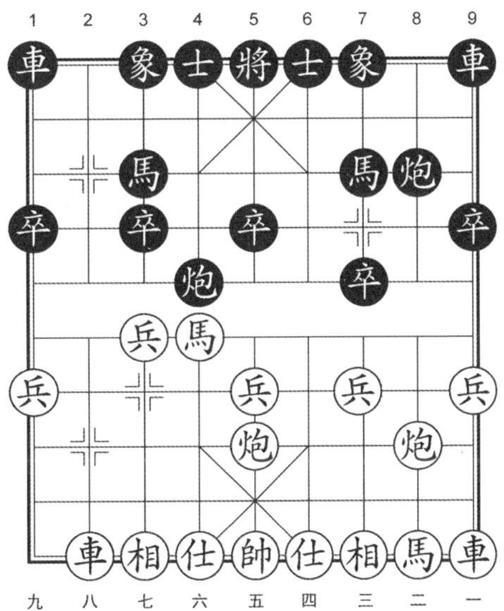

Jetzt kommt Schwarz auf den Linien 3 und 5 unter Druck. Zur Verteidigung rückt die Kanone (炮) zwei Felder vor.

5.		C4+2
		(炮 4 进 2)

Kanone im Windschatten

Eine weitere Möglichkeit von Schwarz, einer zentralen roten Kanone (炮) zu begegnen, ist, mit der eigenen Kanone (炮) dagegenzuhalten. Dadurch wird eine hohe Angriffskraft auf die zentrale Linie gebündelt.

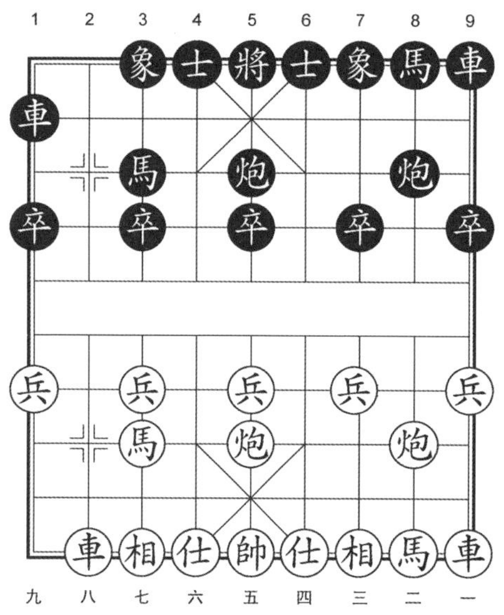

	Rot	Schwarz
1.	C8=5	C2=5
	(炮八平五)	(炮 2 平 5)
2.	H8+7	H2+3
	(馬八进七)	(馬 2 进 3)
3.	R9=8	R1+1
	(車九平八)	(車 1 进 1)

Beide Seiten haben ihre Streitwagen (車) befreit. Es droht kein unmittelbarer Angriff. Rot entschließt sich, seinen Palast vorsorglich abzusichern, während Schwarz den Tempovorteil nutzt, um seinen Streitwagen (車) besser zu positionieren.

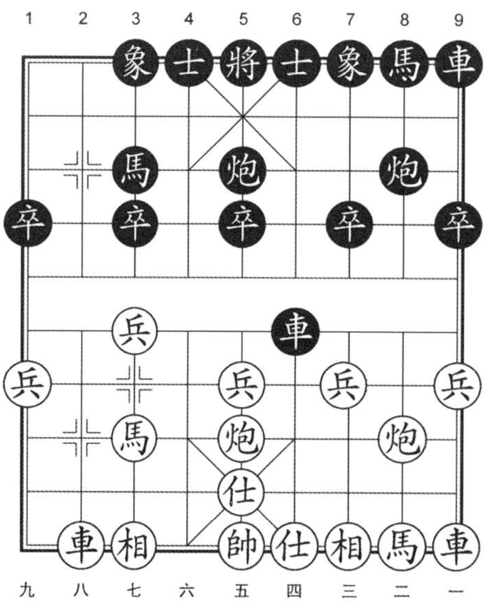

4.	A6+5	R1=6
	(仕六进五)	(車 1 平 6)

Um einen Angriff auf das Zentrum zu ermöglichen, zieht Rot seine Waffe (兵) nach vorne. Schwarz nutzt dies, um die vorstürmende Waffe (兵) zu bedrohen und gleichzeitig ein Vorrücken des Pferdes (馬) zu verhindern. Damit ist Rot in die Defensive gedrängt.

5.	P7+1	R6+4
	(兵七进一)	(車 6 进 4)

Palastkanone

Eine weitere Möglichkeit, mit dem ersten Spielzug den gegnerischen Palast zu bedrohen, ist es, die Kanone (炮) in die Linie 4 (四) oder 6 (六) zu stellen. Oft wird die Gegenseite mit einem Gegenangriff in der zentralen Linie 5 beginnen.

	Rot	Schwarz
1.	C8=4	C2=5
	(炮八平四)	(炮 2 平 5)
2.	H8+7	H2+3
	(馬八进七)	(馬 2 进 3)
3.	R9=8	H8+7
	(車九平八)	(馬 8 进 7)

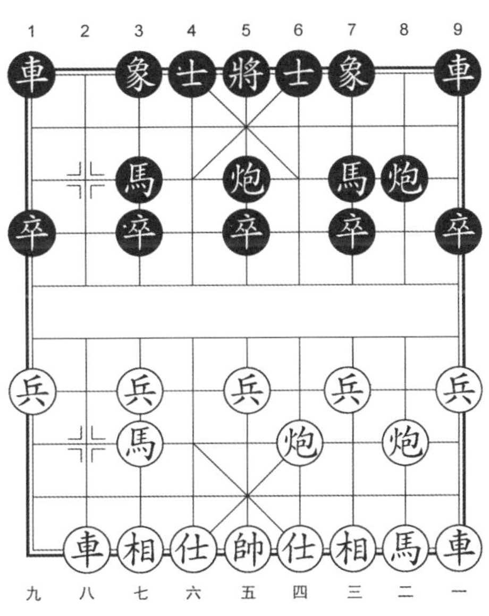

Der Nachteil dieser Eröffnung ist, dass die rechte Seite von Rot mit Spielsteinen überfüllt ist, während das Zentrum nur eine schwache Deckung besitzt. Der Vorteil liegt ohne Zweifel in dem beweglichen Streitwagen (車).

4. R8+4
(車八进四)

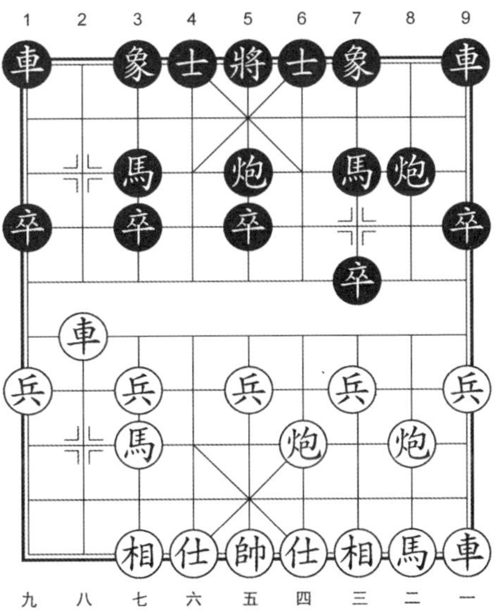

Es droht ein Angriff durch Rot auf die Soldaten (卒) in den Linien 3 oder 7 und nachfolgend auf die jeweiligen Pferde (馬). Schwarz könnte mit einem Gegenangriff erwidern.

	Rot	Schwarz
4.		P7+1
		(卒 7 进 1)

Der Angriff ist abgewehrt, aber der rote Streitwagen (車) bleibt sehr gefährlich.

3.4 Mittelspiel

Nachdem die Spielfiguren während der Eröffnungsphase aus ihren Anfangspositionen heraus ins Spiel gebracht wurden, beginnt das Mittelspiel. Es gibt keine klare Definition, wann sich eine Partie im Mittelspiel befindet. Rein gefühlsmäßig betrachtet hat ein Mittelspiel dann begonnen, wenn bei jedem Zug unmittelbar die gegnerische Reaktion berücksichtigt werden muss. Dieser Moment liegt oft zwischen dem fünften und achten Spielzug eines Spiels, je nachdem, wie das Spiel eröffnet wurde.

Jeder Spieler verfolgt das Spielziel, den gegnerischen Palast zunehmend unter Druck zu setzen und die Anzahl der feindlichen Spielfiguren zu verringern. Bei einem Abtausch wird jede Seite darauf achten, eigene geringwertige Spielfiguren gegen hochwertige Spielfiguren des Gegners zu tauschen (vgl. Abschnitt 3.1). Zusätzlich ist es wichtig, mit den eigenen Figuren zentrale Spielfelder zu besetzen und den Bewegungsraum des Gegners einzuengen. Oft geschieht dies, indem versucht wird, mit Spielfiguren die Linien 4 (四), 5 (五) und 6 (六) zu dominieren.

Wird ein Angriff gestartet, so sollte man generell den Nachschub nicht vergessen. Eine einzelne Spielfigur kann den Gegner zwar unter Druck setzen, aber meist nicht nachhaltig. Nach einem Abtausch im Angriff ist die Luft draußen, wenn keine Spielfigur zur Verfügung steht, die weiteren Druck ausüben kann.

Während ein Teil der Spielfiguren den Gegner unter Druck setzt, sollte die eigene Verteidigung nicht vergessen werden. Beamte (仕) und Leibwachen (士) sowie Minister (相) und Elefanten (象) kommt hierbei eine wichtige Bedeutung zu. Um sich nicht in einen Zugzwang zu bringen, sollte der eigene Befehlshaber (帥) oder General (將) nicht frei ohne Deckung stehen.

Ein Spiel kann durchaus schon während des Mittelspiels gewonnen werden, wenn der gegnerische Befehlshaber (帥) oder General (將) in die Enge getrieben wurde. Das ist besonders oft dann der Fall, wenn beide Seiten unterschiedlich stark sind. In diesem Fall erreicht ein Spiel nicht mehr das Endspiel.

Das Mittelspiel zeichnet sich durch eine hohe Anzahl an Spielfiguren aus, die auf dem Spielbrett stehen. Die Anzahl der möglichen Spielkombinationen und Spielstellungen ist unzählbar. Dennoch gibt es immer wiederkehrende typische Spielsituationen, in denen eine Seite in einem Gefecht einen Vorteil erringt. Die Summe dieser Gefechte führt schließlich zum Sieg einer Seite. In den folgenden Abschnitten werden grundlegende Spielsituationen des Mittelspiels betrachtet.

Schach und Schlag

Steht der gegnerische Befehlshaber (帥) oder General (將) offen, so kann dies genutzt werden, um auf der einen Seite Schach zu bieten und auf der anderen Seite eine Spielfigur zu bedrohen. Im nächsten Zug muss sich der Gegner aus dem Schach retten und verliert dabei die zweite bedrohte Figur. Anbei ein Beispiel:

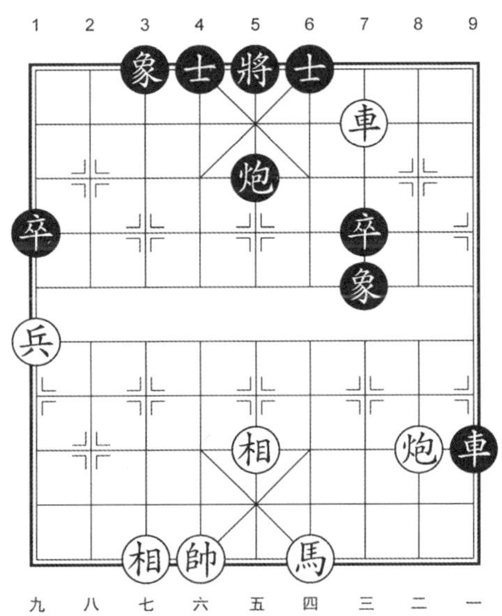

	Rot	Schwarz
1.	C2+7+	A6+5
	(炮二进七)	(士 6 进 5)
2.	R3+1+	A5-6
	(車三进一)	(士 5 退 6)
3.	R3-3+	
	(車三退三)	

Schwarz ist im Zugzwang. Er kann im Folgenden nicht den General (將) in die Mitte des Palastes ziehen, da er sonst matt wäre. Der Soldat (卒) war erst der Anfang. Rot gewinnt auch den Elefanten (象).

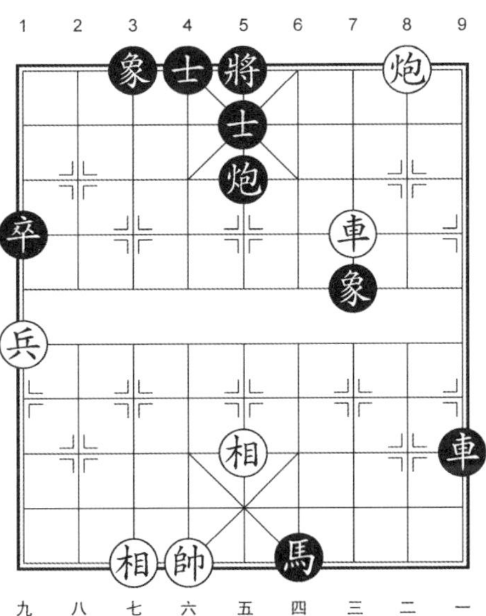

3.		A6+5
		(士 6 进 5)
4.	R3+3+	A5-6
	(車三进三)	(士 5 退 6)
5.	R3-4+	A6+5
	(車三退四)	(士 6 进 5)

Schwarz ist hilflos. Rot gewinnt als nächstes den Streitwagen (車).

Gabel

Ein klassisches erfolgreiches Gefecht im Mittelspiel ist es, durch einen Spielzug zwei ungeschützte Spielfiguren des Gegners zu bedrohen. Der Gegner wird bestrebt sein, die wertvollere Spielfigur zu retten und die andere zu opfern. Anbei ein Beispiel:

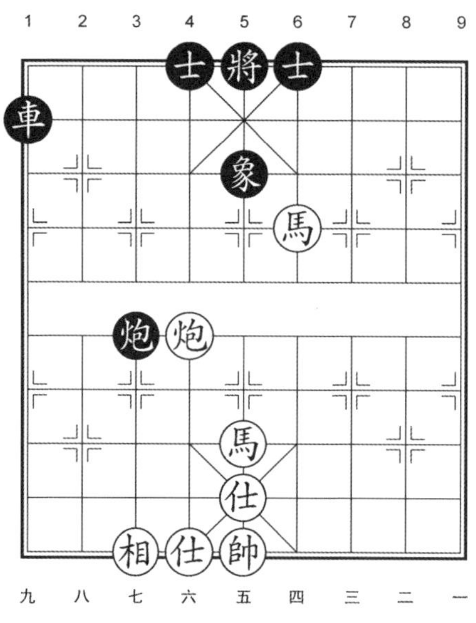

	Rot	Schwarz
1.	H4+6 + (炮四进六)	

Schwarz ist im Zugzwang. Der General (將) ist bedroht. Der Streitwagen (車) könnte ihn schützen, wenn er in Linie 4 zöge. Allerdings würde er dort der roten Kanone (炮) in Linie 6 (六) zum Opfer fallen. Schwarz weicht mit dem General (將) aus.

1.		K5+1 (將 5 进 1)

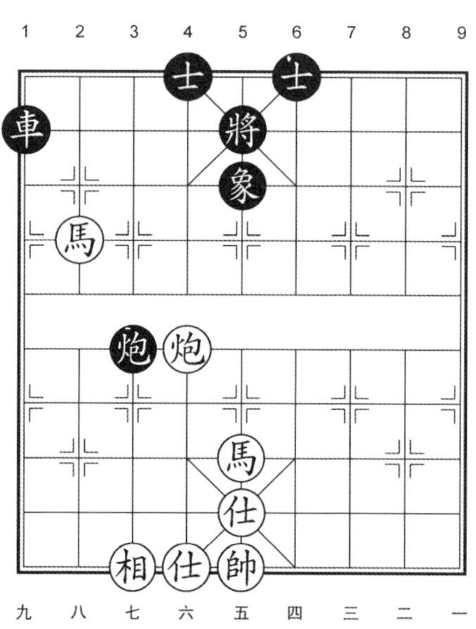

Damit ist der Weg für das rote Pferd (馬) frei, um zu einem gegabelten Angriff auf den Streitwagen (車) und die Kanone (炮) anzusetzen.

2. H6-8
(馬六退八)

Ein Ausweg wäre es, mit einer bedrohten Figur die andere zu decken. Aber ein Zug in Linie 3 oder 4 Felder nach vorne wäre für den Streitwagen (車) Selbstmord. Rot gewinnt eine Spielfigur.

Figurentausch

Eine oft wiederkehrende Spielszene im Mittelspiel ist der Tausch von Spielfiguren durch Schlag und Gegenschlag. Ein Figurentausch ist für diejenige Seite von Vorteil, die eine eigene schwache Spielfigur gegen eine gegnerische starke Spielfigur tauscht oder durch den Tausch einen Stellungsvorteil gewinnt. Der Spielfigurenwert lässt sich leicht bemessen (vgl. Abschnitt 3.1). Ein Stellungsvorteil, insbesondere ein strategischer, ist nicht so leicht zu erkennen. Folgendes Beispiel soll einen Figurentausch mit strategischer Tragweite beleuchten:

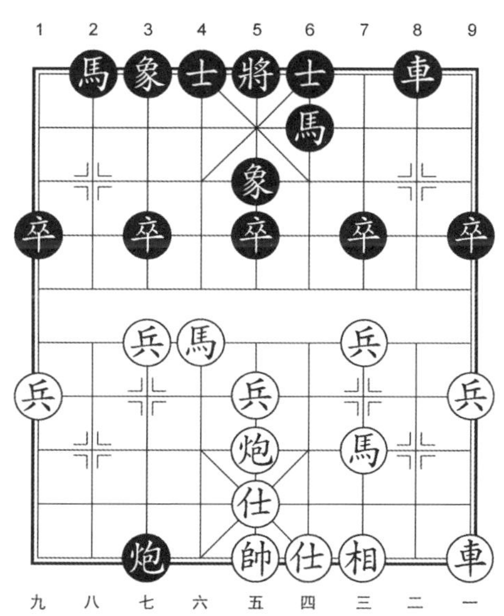

Rot hat seine Waffen (兵) auf den Linien 3 (三) und 7 (七) so positioniert, dass der Weg für seine beiden Pferde (馬) frei ist. Schwarz kann ihm dort nicht viel entgegenstellen. Allerdings hat Schwarz in der Flanke des roten Palastes mit der Kanone (炮) eine starke Drohung aufgebaut. Könnte Schwarz seinen Streitwagen (車) in diese Flanke werfen, wäre Rot schnell verloren. Für Rot wäre es daher von Vorteil, die beiden Streitwagen (車) gegeneinander zu tauschen.

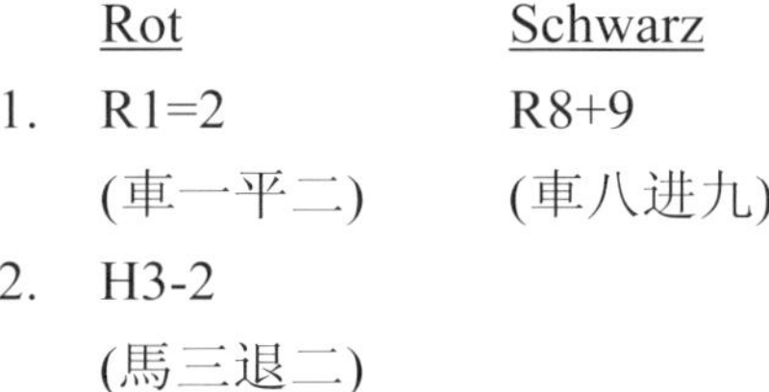

	Rot	Schwarz
1.	R1=2 (車一平二)	R8+9 (車八进九)
2.	H3-2 (馬三退二)	

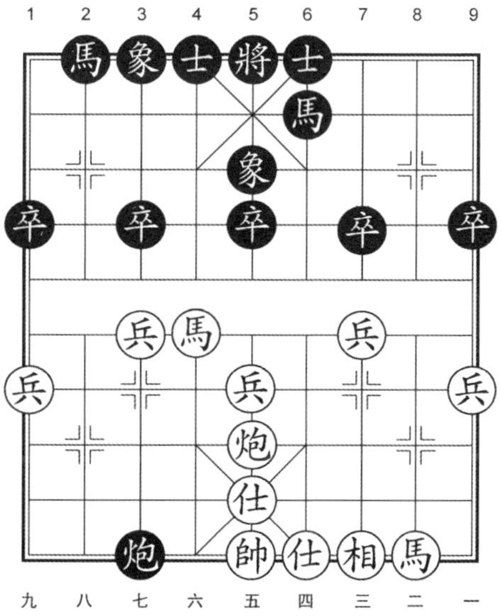

Rot kann jetzt mit seiner Offensive beginnen.

Opfer

Es kann im Mittelspiel hilfreich sein, durch das Opfer einer eigenen Spielfigur einen entscheidenden Stellungsvorteil zu erlangen, der letztendlich zum Sieg führt. Vordergründig betrachtet, scheint der Opfernde einen Nachteil zu erleiden. Nach einigen Spielzügen zeigt sich erst das wahre Gesicht der Opfertaktik. Anbei ein Beispiel: Rot ist unter Druck geraten. Ein Zug des schwarzen Streitwagens (車) kann ihn matt setzen. Rot verbessert seine Stellung durch ein Opfer.

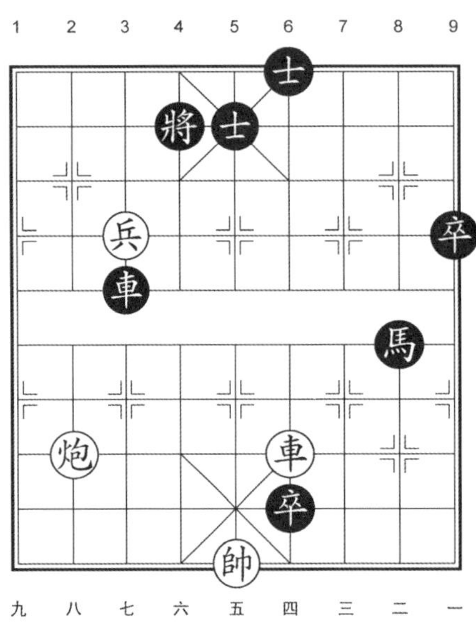

	Rot	Schwarz
1.	R4=6+	A5+4
	(車四平六)	(士 5 进 4)
2.	R6+5+	K4+1
	(車六进五)	(將 4 进 1)

Rot hat den Streitwagen (車) geopfert. Was im ersten Moment wie ein Selbstmord aussieht, führt dennoch zum Sieg.

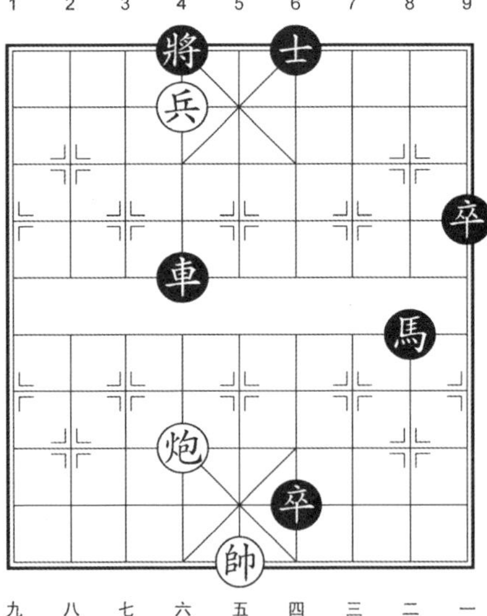

3.	P7=6+	K4-1
	(兵七平六)	(將 4 退 1)
4.	C8=6+	R3=4
	(炮八平六)	(車 3 平 4)
5.	P6+1+	K4-1
	(兵六进一)	(將 4 退 1)
6.	P6+1#	
	(兵六进一)	

Der schwarze Streitwagen (車) muss hilflos zusehen, wie die Waffe (兵) den General (將) matt setzt, da die rote Kanone (炮) den Vormarsch deckt.

Fesselung

Ein Stellungsvorteil kann sein, wenn durch eine eigene Spielfigur zwei Spielfiguren des Gegners an ihrer Bewegung gehindert werden. Falls der Gegner eine der Figuren wegbewegen würde, wäre die andere Figur verloren. Dies wird Fesselung genannt. Eine Fesselung ist dann besonders wirksam, wenn die Differenz der Spielfigurenwerte zwischen der eigenen Figur und den gefesselten Figuren besonders hoch ist. Anbei ein Beispiel:

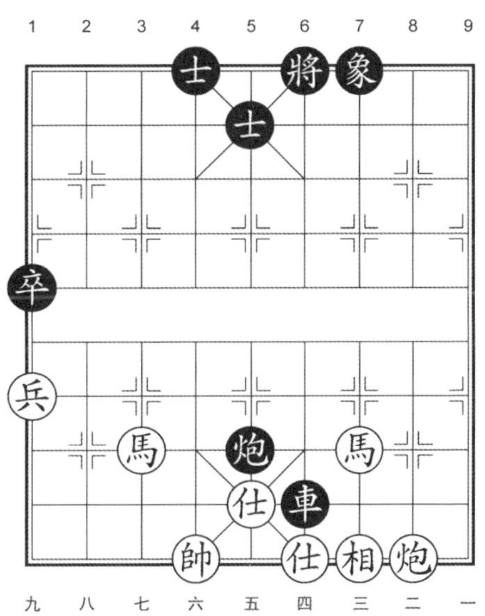

	Rot	Schwarz
1.	H7+5	
	(馬七进五)	

Der Zug hat die schwarze Kanone (炮) und den Streitwagen (車) gefesselt. Würde die Kanone (炮) wegbewegt, könnte das rote Pferd (馬) den Streitwagen (車) schlagen. Würde der Streitwagen (車) bewegt, könnte der rote Minister (相) die Kanone (炮) schlagen.

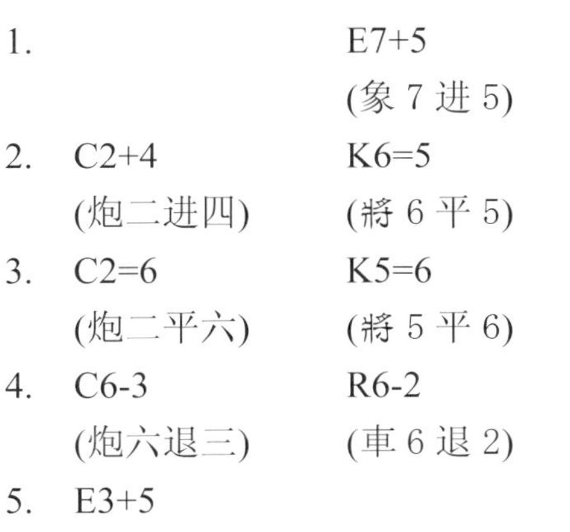

1.		E7+5
		(象 7 进 5)
2.	C2+4	K6=5
	(炮二进四)	(將 6 平 5)
3.	C2=6	K5=6
	(炮二平六)	(將 5 平 6)
4.	C6-3	R6-2
	(炮六退三)	(車 6 退 2)
5.	E3+5	
	(相三进五)	

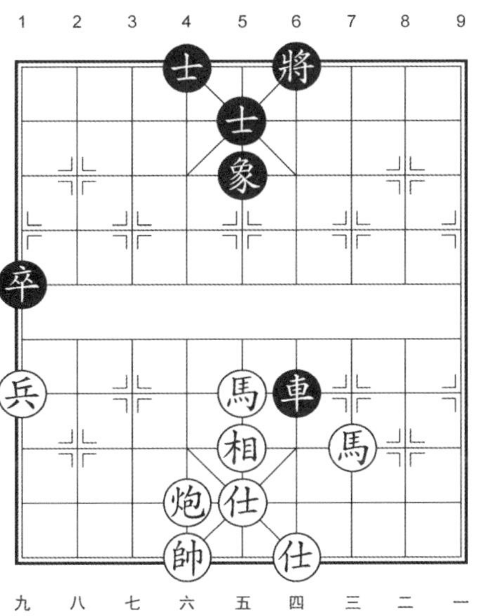

Rot ist jetzt haushoch überlegen.

Waffenhoheit

Eine Spielfigur kann erbeutet werden, wenn diese durch mehr Spielfiguren bedroht als verteidigt wird. Oft tritt diese Spielsituation ein, wenn sich eine einzelne Spielfigur auf feindlichem Gebiet befindet, ohne durch weitere Spielfiguren unterstützt zu sein. Anbei ein Beispiel:

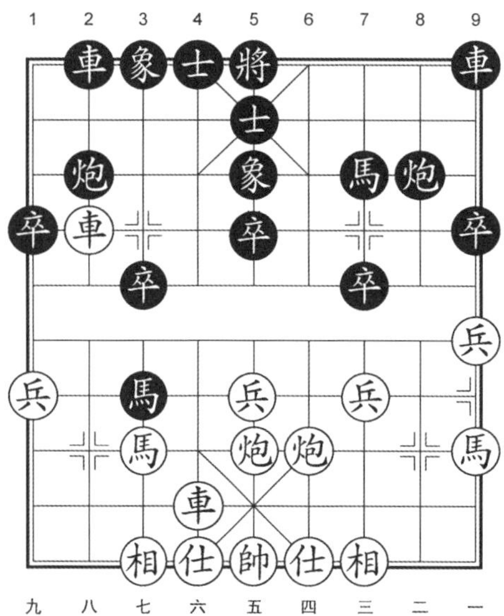

Das schwarze Pferd (馬) hat sich in das feindliche Gebiet vorgewagt, ohne von einer weiteren Angriffsfigur begleitet zu sein.

	Rot	Schwarz
1.	R6+2	P3+1
	(車六进二)	(卒 3 进 1)

Schwarz versucht, mit seinem Soldaten (卒) zu decken, aber Rot bringt seinen Minister (相) ins Spiel.

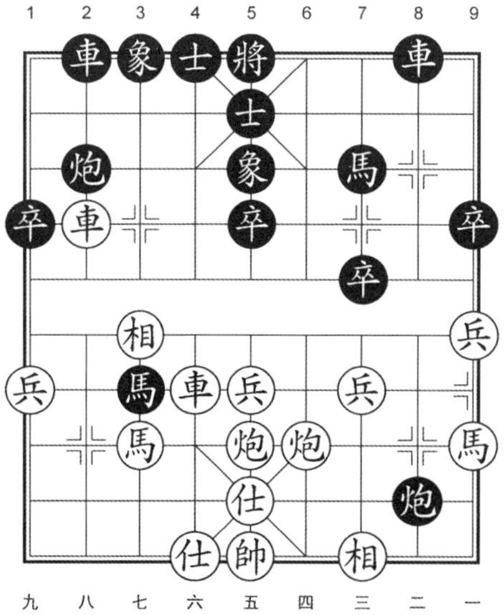

2.	E7+9	C8+6
	(相七进九)	(炮 8 进 6)

Schwarz gibt die Hoffnung nicht auf und spekuliert, seine Kanone (炮) im nächsten Schritt in Spalte 3 zu ziehen. Rot blockiert mit seinem Beamten (仕) den Weg.

3.	A4+5	R9=8
	(仕四进五)	(車 9 平 8)
4.	E9+7	
	(相九进七)	

Das schwarze Pferd (馬) ist nun ungeschützt und sitzt in der Falle.

3.5 Endspiel

Ein Spiel befindet sich im Endspiel, wenn nur noch wenige Figuren auf dem Brett übrig geblieben sind. Das ist dann der Fall, wenn im Mittelspiel keine Seite den Befehlshaber (帥) oder General (將) des Anderen in die Enge treiben konnte. In den zahlreichen Gefechten hat sich das Spielmaterial erschöpft. Jede Seite verfügt nur noch über wenige Angriffsfiguren.

Um dem Zweck nachzukommen, den anderen matt zu setzen, verfolgen die Spieler im Endspiel zwei Ziele. Das erste ist es, dem Gegner durch geschickte Züge Angriffsfiguren zu nehmen. Da es nur noch wenige Angriffsfiguren gibt, wiegt ein Verlust derselben im Endspiel besonders schwer. Das zweite Ziel ist es, die Verteidigung des Palastes zu brechen und letztendlich den Gegner zu besiegen. Es ist dabei nicht selten, dass sich beide Seiten in einer tödlichen Umklammerung halten und ein Fehltritt der einen Seite sogleich auch deren Niederlage ist. Denn jeder nicht zielgerichtete Schritt bedeutet einen Zeitverlust, der dem anderen hilft, seine Stellung zu verbessern.

Der Spielwert der Angriffsfiguren ändert sich vom Mittel- zum Endspiel. Besonders deutlich wird das an den Waffen (兵) und Soldaten (卒). Sie sind im Mittelspiel noch ein verschmerzbares Opfer; im Endspiel hingegen zählen sie zu den wenigen verbliebenen Angriffsfiguren. Aber auch das Gewicht zwischen Kanone (炮) und Pferd (馬) verändert sich. Der Nutzen der Kanonen (炮) ist im Endspiel abgeschwächt, da es nur noch wenige Figuren gibt, die als Abschussrampe verwendet werden können. In dem gleichen Maße steigt der Wert der Pferde (馬). Sie können durch ihre verwinkelten Züge auch in einen gut verteidigten Palast eindringen und den gegnerischen Befehlshaber (帥) oder General (將) aus seiner Deckung zwingen. Der Streitwagen (車) ist im Endspiel von der Fessel der vielen Figuren befreit, die ihn am Anfang des Spiels an seinen Bewegungen gehindert haben. So, wie er soeben noch am Sturm auf den gegnerischen Palast beteiligt war, kann er im nächsten Zug zur Rettung seines Befehlshabers (帥) oder Generals (將) heraneilen. Aber auch der Befehlshaber (帥) und der General (將) werden im Endspiel vom Gejagten zum Jäger. Da nur noch wenige Spielfiguren die direkte Linie zwischen den beiden Palästen verdecken, gleicht ihr Angriffspotenzial in manchen Spielsituationen dem eines Streitwagens (車). Aber auch die Defensive gewinnt an Wert: Diejenige Seite, die im Endspiel noch über zwei Beamte (仕) und Leibwachen (士) oder zwei Minister (相)

und Elefanten (象) verfügt, hat einen klaren Bonus, weil damit ein Gegner oft nur mit Verlusten in den Palast vordringen kann.

Eine Übersicht, wie sich die Werte der Spielfiguren (vgl. Abschnitt 3.1) über den Spielverlauf ändern, gibt Tabelle 16. Die Tabelle zeigt für jede Spielfigur die Werte bei der Spieleröffnung, im Mittelspiel und im Endspiel. Interessant ist, dass in der chinesischen Literatur der Wert von Waffe (兵) und Soldat (卒) im Mittel- und Endspiel nicht mit einem festen Wert belegt wird. Je nachdem, wie weit eine Waffe (兵) oder ein Soldat (卒) vorgedrungen ist, schwankt der Wert zwischen 1,5 Punkten (im eigenen Gebiet) und 3 Punkten (bis zum gegnerischen Palast vorgedrungen).[7]

Spielfigur		**Spielfigurenwert in Punkten**		
Name	**Symbol**	**Eröffnung**	**Mittelspiel**	**Endspiel**
Befehlshaber General	帥 將	∞	∞	∞
Beamter Leibwache	仕 士	2	2,5	2,5
Minister Elefant	相 象	2	2,5	2,5
Pferd	馬	4	4,5	5
Wagen	車	10	10	10
Kanone	炮	5	5	4,5
Waffe Soldat	兵 卒	1	1,5 bis 3	1 bis 3

Tabelle 16: Spielfigurenwerte über den Spielverlauf

7 朱宝位, 象棋入门, 2009

Sieg mit einer Waffe

Besitzt eine Seite keine Angriffs- oder Defensivfiguren mehr, aber die andere Seite noch eine Waffe (兵) oder einen Soldaten (卒), so gewinnt die Seite mit der Offensivfigur. Denn der Befehlshaber (帥) oder General (將) kann die Offensivfigur decken. Anbei ein Beispiel:

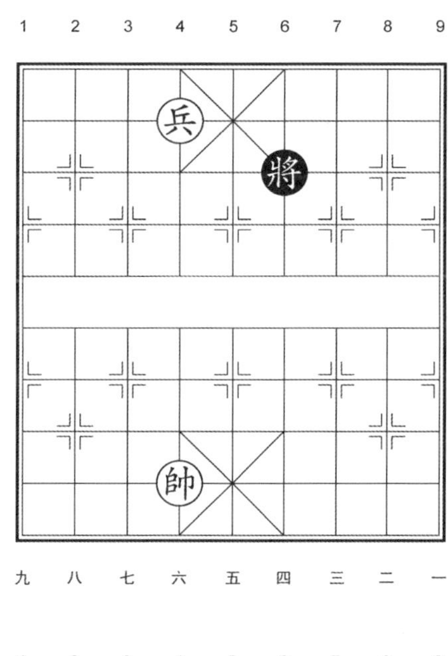

Rot ist mit seiner Waffe (兵) in den gegnerischen Palast eingedrungen, der General (將) ist im Rücken der Waffe (兵) und scheinbar in Sicherheit.

	Rot	Schwarz
1.	K6=5 (帥六平五)	K6-1 (將 6 退 1)

Schwarz ist gezwungen, sich der Waffe zu stellen.

2.	P6=5+ (兵六平五)	

Die Waffe (兵) ist durch den General (帥) gedeckt. Schwarz kann jetzt nach vorne oder nach hinten ziehen. Beide Züge führen zum gleichen Ergebnis.

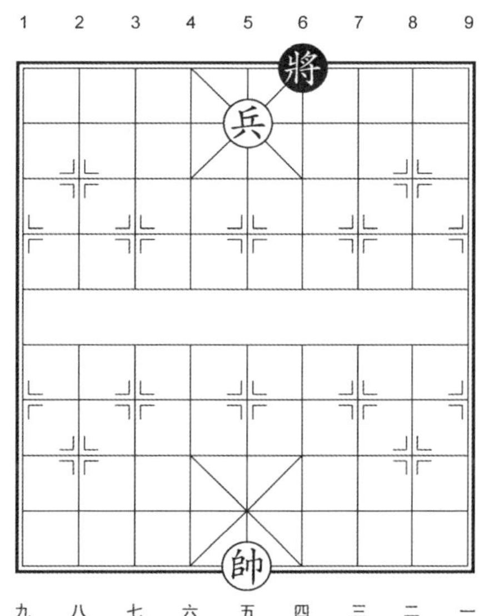

2.		K6-1 (將 6 退 1)
3.	K5-1# (帥五退一)	

Schwarz kann sich nicht mehr bewegen und ist somit matt.

Sieg mit einer Waffe und einem Berater gegen eine Leibwache

Besitzt eine Seite eine Waffe (兵) und einen Minister (相) bzw. einen Soldaten (卒) und einen Elefanten (象), so ist ihr der Sieg sicher, wenn die andere Seite nur noch über einen Beamten (仕) oder eine Leibwache (士) verfügt. Anbei ein Beispiel:

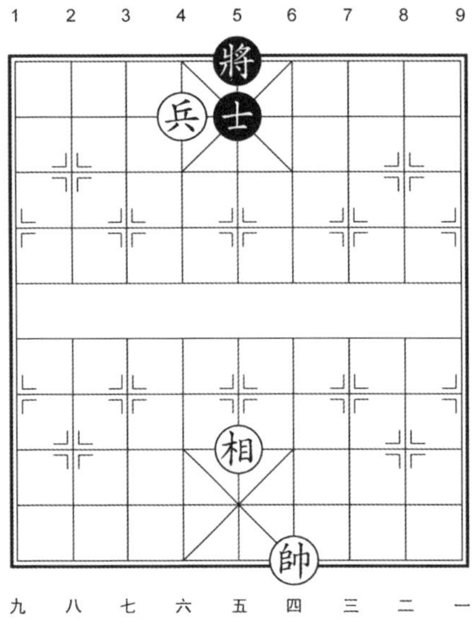

Rot hat seine Waffe (兵) links im gegnerischen Palast positioniert. In Deckung des Ministers (相) hat Rot seinen General (帥) im eigenen Palast auf die gegenüberliegende Seite gebracht. Schwarz kann nur noch seine Leibwache (士) bewegen. Rot bringt jetzt den Minister (相) aus dem Weg und schlägt zu.

	Rot	Schwarz
1.	E5-7 (相五退七)	A5-4 (士 5 退 4)
2.	K4+1 (帥四进一)	A4+5 (士 4 进 5)
3.	K4=5 (帥四平五)	

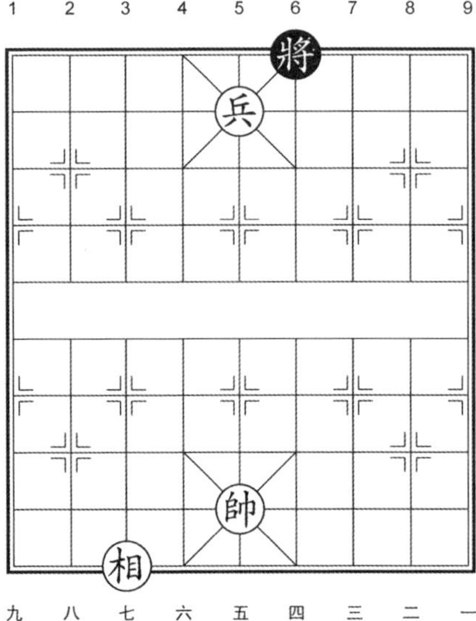

Schwarz ist gezwungen, seinen General (將) zu bewegen und die Deckung der Leibwache (士) aufzugeben.

3.		K5=6 (將 5 平 6)
4.	P6=5# (兵六平五)	

Schwarz kann sich nicht mehr bewegen und ist somit matt.

Unentschieden mit einer Waffe gegen eine Leibwache

Besitzt eine Seite eine Waffe (兵) bzw. einen Soldaten (卒) und die andere Seite nur noch einen Beamten (仕) oder eine Leibwache (士), so ist das Spiel unentschieden. Anbei ein Beispiel:

Schwarz hat keine Angriffsfiguren mehr und bietet daher einen Figurenabschlag an. Rot geht darauf nicht ein, denn das wäre sofort ein Unentschieden.

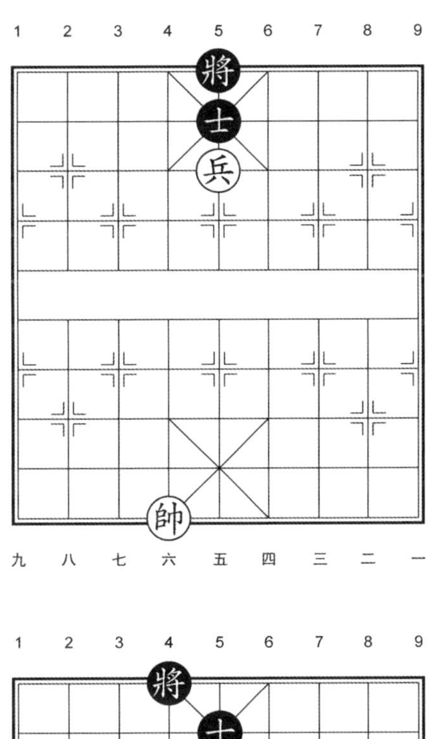

	Rot	Schwarz
1.	K6=5	A5-4
	(帥六平五)	(士 5 退 4)
2.	K5=4	A4+5
	(帥五平四)	(士 4 进 5)
3.	K4+1	A5-6
	(帥四进一)	(士 5 退 6)

So kommt Rot also nicht weiter und versucht, die Waffe (兵) zu bewegen.

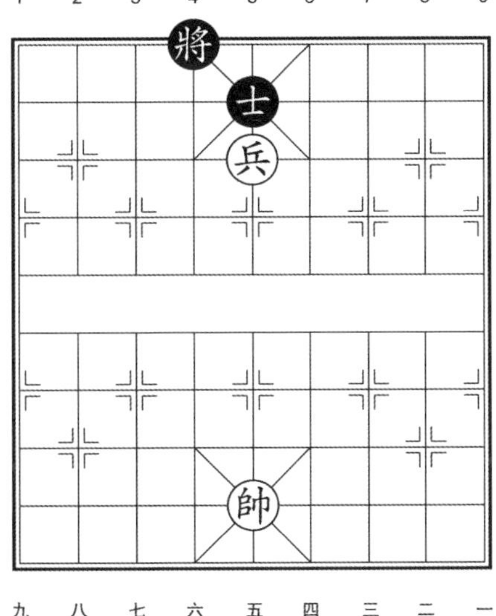

4.	P5=6	K5=4
	(兵五平六)	(將 5 平 4)
5.	K4=5	A6+5
	(帥四平五)	(士 6 进 5)
6.	P6=5	
	(兵六平五)	

Rot ist gezwungen, die Waffe (兵) wieder in die Mitte zu bewegen.

Unentschieden mit einer Waffe gegen einen Elefanten

Besitzt eine Seite eine Waffe (兵) bzw. einen Soldaten (卒) und die andere Seite nur noch einen Minister (相) bzw. einen Elefanten (象), so ist das Spiel unentschieden. Anbei ein Beispiel:

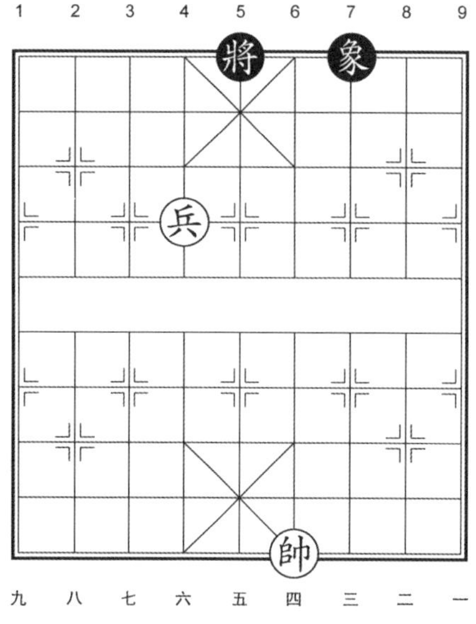

Rot hat als einzige Offensivfigur eine Waffe (兵) und marschiert auf den Palast zu. Schwarz kann abwarten und macht einen Ausweichzug.

	Rot	Schwarz
1.	P6+1	E7+9
	(兵六进一)	(象 7 进 9)

Es bringt Rot nichts, die Waffe weiter nach vorne zu ziehen. Der General (將) könnte sich zwar dann nicht mehr bewegen, aber Schwarz könnte mit dem Elefanten (象) weitere Ausweichmanöver vollziehen.

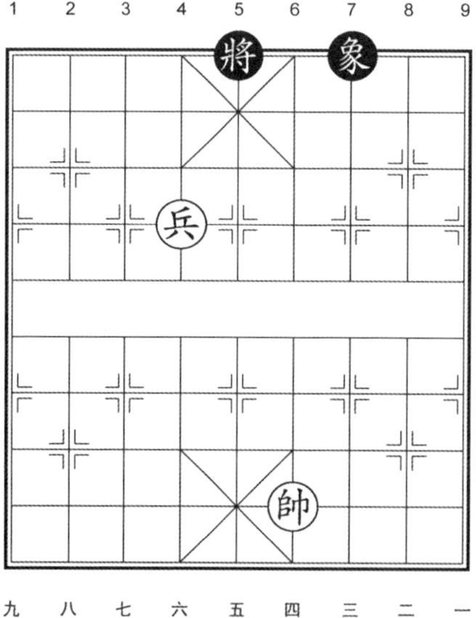

2.	K4+1	E9+7
	(帥四进一)	(象 9 进 7)
3.	K4+1	E7-9
	(帥四进一)	(象 7 退 9)
4.	K4-1	E9-7
	(帥四退一)	(象 9 退 7)

Solange der Elefant (象) nicht in die Linie 5 läuft, bleibt das Spiel unentschieden.

Sieg mit einem Streitwagen gegen zwei Leibwachen

Besitzt eine Seite einen Streitwagen (車) und die andere Seite nur noch zwei Leibwachen (士) bzw. Beamte (仕), so kann die Seite das Spiel gewinnen, die den Streitwagen (車) besitzt. Anbei ein Beispiel:

Schwarz hat sich im Palast verschanzt. Rot nutzt aus, dass der General (將) sich nicht bewegen kann.

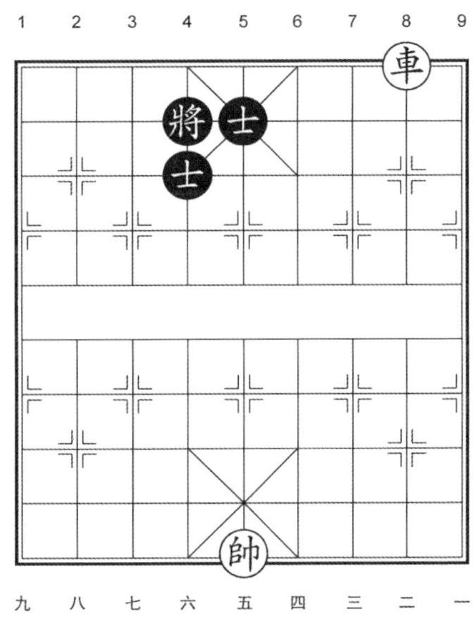

	Rot	Schwarz
1.	R2=8	A5+6
	(車二平八)	(士 5 进 6)
2.	K5=6	K4=5
	(帥五平六)	(將 4 平 5)

Schwarz wird jetzt seine Leibwache (士) verlieren, da der General (帥) wie ein Streitwagen (車) wirkt.

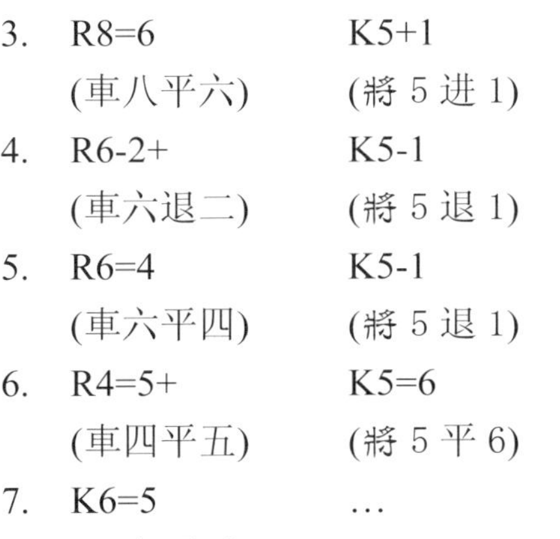

3.	R8=6	K5+1
	(車八平六)	(將 5 进 1)
4.	R6-2+	K5-1
	(車六退二)	(將 5 退 1)
5.	R6=4	K5-1
	(車六平四)	(將 5 退 1)
6.	R4=5+	K5=6
	(車四平五)	(將 5 平 6)
7.	K6=5	…
	(帥六平五)	

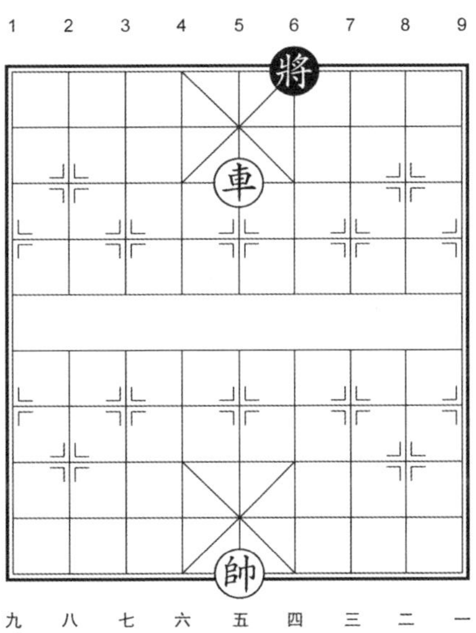

Rot gewinnt das Spiel, indem es den Streitwagen (車) in Linie 4 (四) bringt.

Unentschieden mit einem Streitwagen gegen zwei Elefanten

Besitzt eine Seite einen Streitwagen (車) und die andere Seite noch zwei Elefanten (象) bzw. Minister (相), so ist das Spiel unentschieden. Allerdings kann eine Unaufmerksamkeit doch zur Niederlage führen. Anbei ein Beispiel:

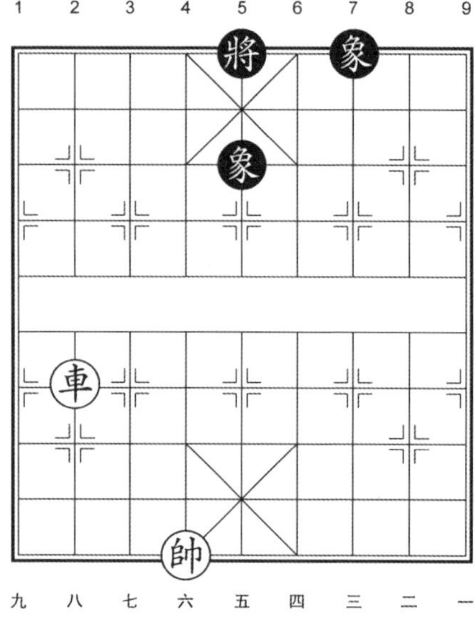

Schwarz hat sich im Palast verschanzt. Das Spiel ist unentschieden, solange Schwarz nicht in die Doppelzange aus Befehlshaber (帥) und Streitwagen (車) gerät.

	Rot	Schwarz
1.	R8+5	K5=6
	(車八进五)	(將 5 平 6)
2.	K6=5	K6=5
	(帥六平五)	(將 6 平 5)

Schwarz hat jetzt einen entscheidenden Fehler gemacht. Rot schlägt zu.

3.	R8+1+	K5+1
	(車八进一)	(將 5 进 1)
4.	R8=3	
	(車八平三)	

Schwarz verliert seinen Elefanten (象) und kann nicht zurückschlagen.

Hätte Schwarz wie folgt gezogen, wäre das Spiel noch offen:

2.	…	E7+9
		(象 7 进 9)

Sieg mit einem Streitwagen gegen zwei Soldaten

Besitzt eine Seite einen Streitwagen (車) und die andere Seite noch zwei Waffen (兵) bzw. Soldaten (卒), so kann die Seite das Spiel gewinnen, die den Streitwagen (車) besitzt. Anbei ein Beispiel: Die zwei Soldaten (卒) decken sich. Rot kann mit dem Befehlshaber (帥) den Streitwagen (車) unterstützen, sobald dieser dem General (將) gegenübersteht. Schwarz versucht, das zu vermeiden.

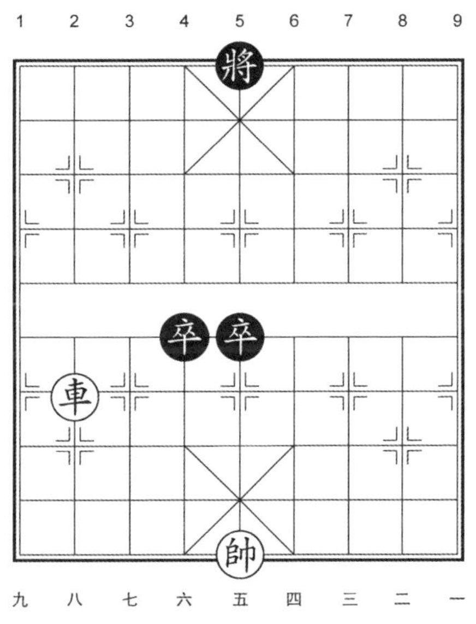

	Rot	Schwarz
1.	R8+2	K5=6
	(車八进二)	(將 5 平 6)
2.	R8=4+	K6=5
	(車八平四)	(將 6 平 5)

Schwarz wird zurückgezwungen. Allerdings müsste der Streitwagen (車) jetzt in Reihe 6 (六) stehen. Dazu ist ein Umweg notwendig.

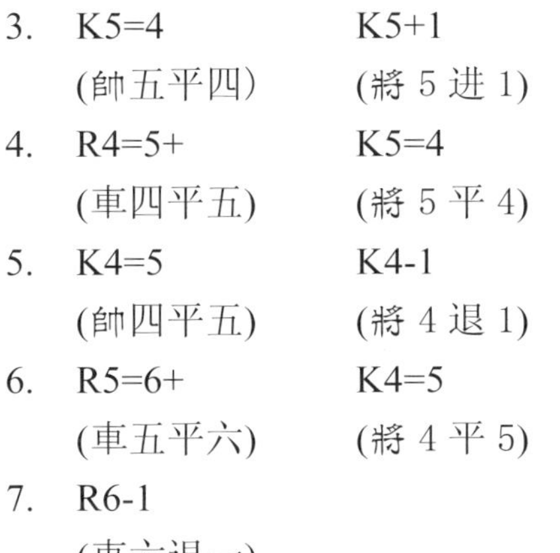

3.	K5=4	K5+1
	(帥五平四)	(將 5 进 1)
4.	R4=5+	K5=4
	(車四平五)	(將 5 平 4)
5.	K4=5	K4-1
	(帥四平五)	(將 4 退 1)
6.	R5=6+	K4=5
	(車五平六)	(將 4 平 5)
7.	R6-1	
	(車六退一)	

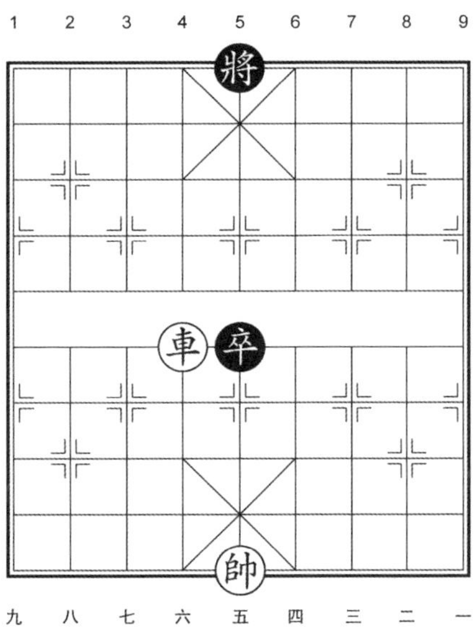

Jetzt ist der Sieg für Rot sicher.

Sieg mit einem Pferd

Besitzt eine Seite ein Pferd (馬), die andere Seite weder Defensiv- noch Offensivfiguren, so ist das Spiel für die Seite gewonnen, die das Pferd (馬) besitzt. Anbei ein Beispiel: Durch einen kombinierten Einsatz aus Befehlshaber (帥) und Pferd (馬) treibt Rot Schwarz in die Ecke.

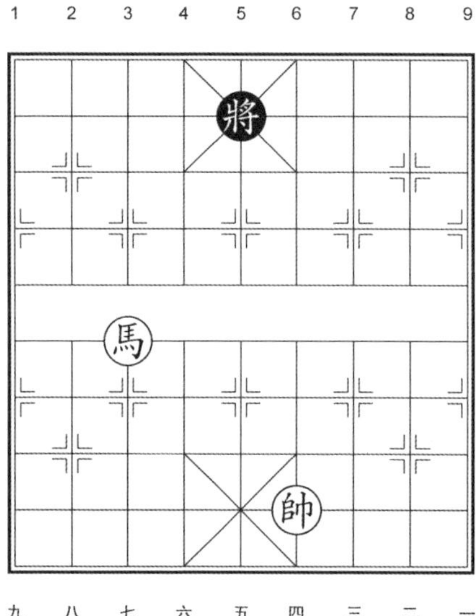

	Rot	Schwarz
1.	H7+6+	K5-1
	(馬七进六)	(將 5 退 1)

Schwarz muss als nächstes in die Ecke des Palastes ziehen.

2.	K4-1	K5=4
	(帥四退一)	(將 5 平 4)
3.	H6+4#	
	(馬六进四)	

Auch Alternativen hätten Schwarz nichts gebracht, denn letztlich muss er auf die Seite des Palastes weichen:

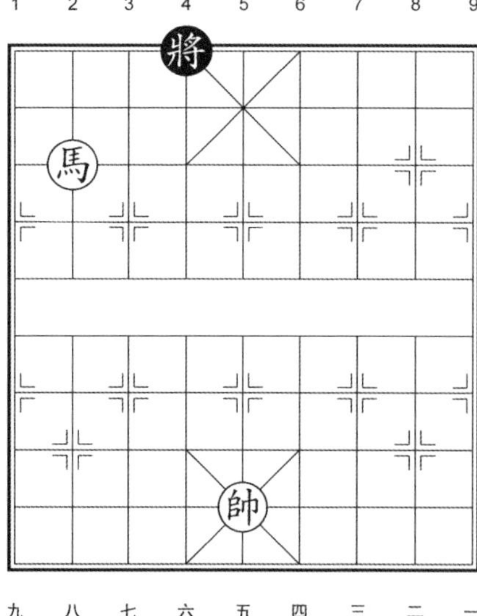

1.	…	K5+1
		(將 5 进 1)
2.	H6-4+	K5-1
	(馬六退四)	(將 5 退 1)
3.	H4+6+	K5=4
	(馬四进六)	(將 5 平 4)
4.	K4=5	K4-1
	(帥四平五)	(將 4 退 1)
5.	H6+8#	
	(馬六进八)	

Sieg mit einem Pferd gegen eine Leibwache

Besitzt eine Seite ein Pferd (馬), die andere Seite nur noch einen Beamten (仕) bzw. eine Leibwache (士), so ist das Spiel sicher für die Seite gewonnen, die das Pferd (馬) besitzt. Anbei ein Beispiel: Rot gewinnt, indem er zuerst die Leibwache (士) überwältigt, dann den General (將) matt setzt.

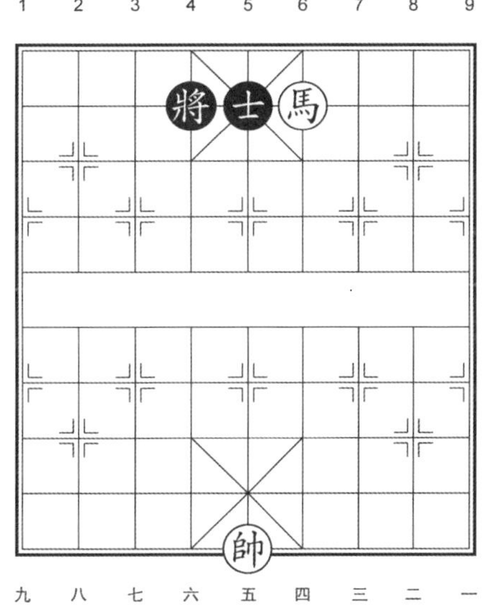

	Rot	Schwarz
1.	H4-5+	K4+1
	(馬四退五)	(將 4 进 1)
2.	H5+3	A5+6
	(馬五进三)	(士 5 进 6)
3.	H3-4	A6-5
	(馬三退四)	(士 6 退 5)
4.	H4+6	A5-6
	(馬四进六)	(士 5 退 6)

Rot nimmt jetzt im nächsten Zug den General (將) so in die Zange, dass Schwarz seine Leibwache (士) ins Verderben laufen lassen muss:

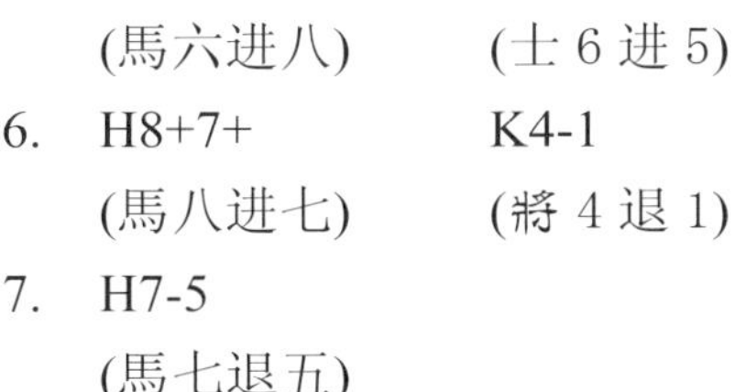

5.	H6+8	A6+5
	(馬六进八)	(士 6 进 5)
6.	H8+7+	K4-1
	(馬八进七)	(將 4 退 1)
7.	H7-5	
	(馬七退五)	

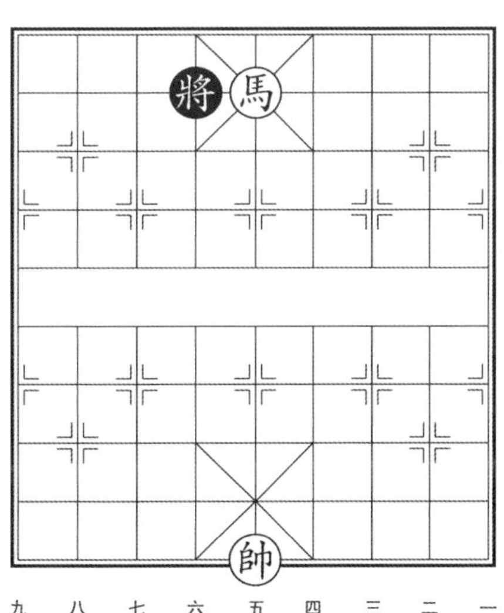

Rot schlägt die Leibwache (士) und gewinnt nun das Spiel sicher.

Unentschieden mit einem Pferd gegen einen Elefanten

Besitzt eine Seite ein Pferd (馬), die andere Seite nur noch einen Elefanten (象) bzw. Minister (相), so ist das Spiel in der Regel unentschieden, da das Pferd (馬) nicht zugleich den General (將) und den Elefanten (象) bzw. den Befehlshaber (帥) und den Minister (相) bedrohen kann. Anbei ein Beispiel: Schwarz kann leicht ein Unentschieden erzwingen, solange General (將) und Elefant (象) auf unterschiedlichen Seiten des Palastes stehen.

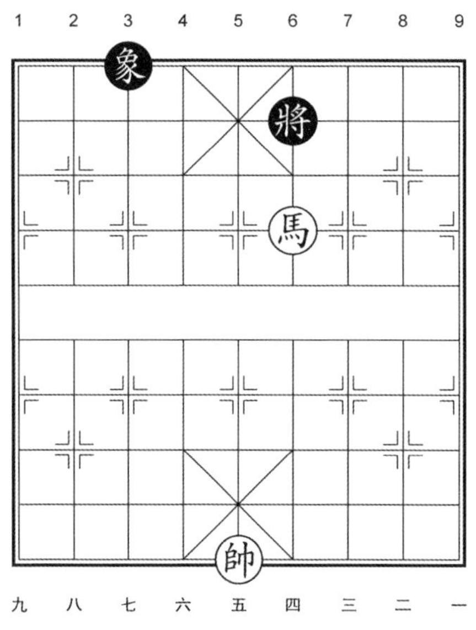

	Rot	Schwarz
1.	H4+6+	E3+5
	(馬四进六)	(象 3 进 5)
2.	H6+8	E5+3
	(馬六进八)	(象 5 进 3)
3.	K5+1	K6-1
	(帥五进一)	(將 6 退 1)
4.	H8+6	E3-1
	(馬八进六)	(象 3 退 1)
5.	H6-5+	K6+1
	(馬六退五)	(將 6 进 1)
6.	H5-7	E1+3
	(馬五退七)	(象 1 进 3)

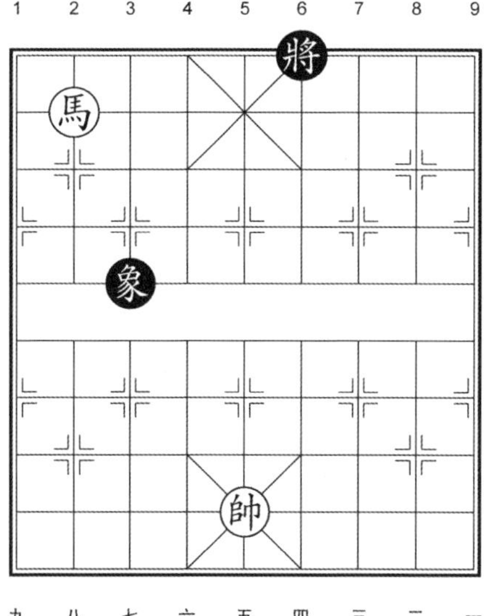

Rot droht mit einer Gabel, aber Schwarz kann sich leicht der Gefahr entziehen:

7.	H7+8	K6-1
	(馬七进八)	(將 6 退 1)

So kann das Spiel unendlich weitergehen. Rot kann den Sieg nicht erzwingen.

Sieg mit einer Kanone und einem Beamten

Besitzt eine Seite eine Kanone (炮) und einen Beamten (仕) bzw. eine Leibwache (士), so ist der Sieg sicher. Wichtig ist, dass der eigene Befehlshaber (帥) bzw. General (將) das Zentrum deckt. Die Kanone (炮) kümmert sich um die Flanke. Anbei ein Beispiel:

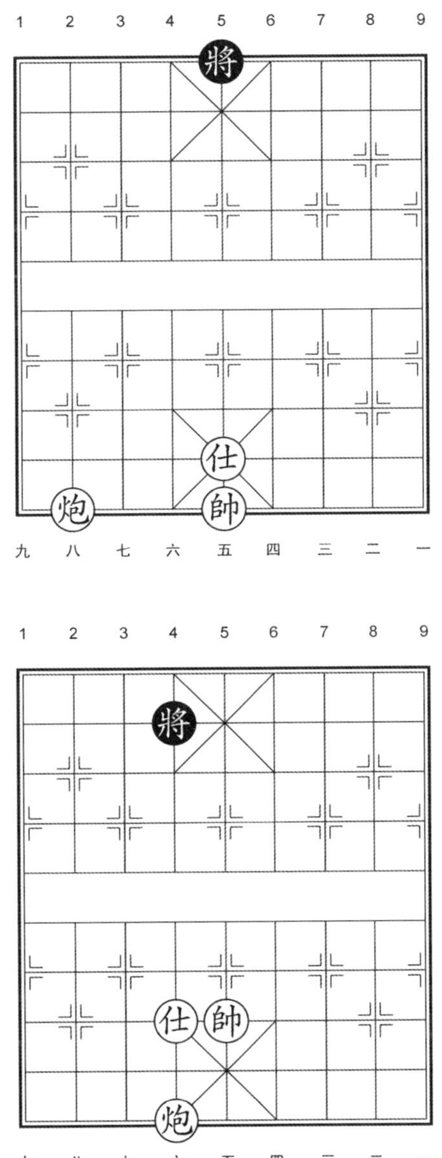

	Rot	Schwarz
1.	K5=4	K5=4
	(帥五平四)	(將 5 平 4)

Die Kanone (炮) kann jetzt das Zentrum decken, während der Befehlshaber (帥) in Stellung geht.

2.	C8=5	K4+1
	(炮八平五)	(將 4 进 1)
3.	K4+1	K4-1
	(帥四进一)	(將 4 退 1)
4.	K4+1	K4+1
	(帥四进一)	(將 4 进 1)
5.	K4=5	K4-1
	(帥四平五)	(將 4 退 1)

Jetzt kann die Kanone (炮) die Flanke angreifen. Schwarz kann nicht mehr entfliehen.

6.	A5+6	K4+1
	(仕五进六)	(將 4 进 1)
7.	C5=6#	
	(炮五平六)	

Rot hat gewonnen.

Sieg mit einer Kanone und einem Beamten gegen eine Leibwache

Besitzt eine Seite eine Kanone (炮) und einen Beamten (仕) bzw. eine Leibwache (士) und die andere Seite nur noch eine Leibwache (士) bzw. einen Beamten (仕), so ist der Sieg sicher. Wichtig ist, dass der eigene Befehlshaber (帥) bzw. General (將) das Zentrum deckt und zugleich am oberen Rand des Palastes steht. Die Kanone (炮) kümmert sich um die Flanke.

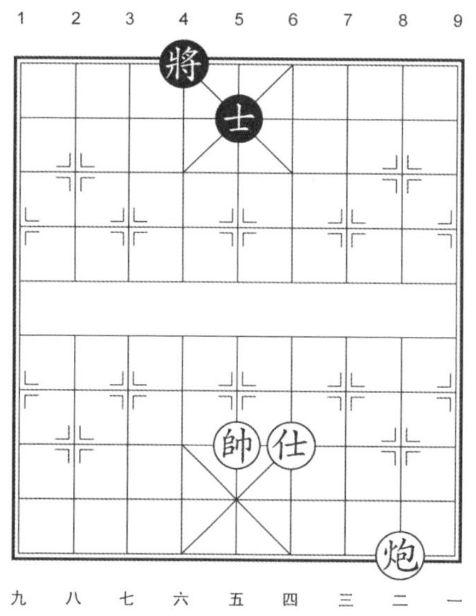

	Rot	Schwarz
1.	C2=5	A5-6
	(炮二平五)	(士 5 退 6)
2.	A4-5	A6+5
	(仕四退五)	(士 6 进 5)
3.	A5+6	A5+4
	(仕五进六)	(士 5 进 4)
4.	C5=6	K4+1
	(炮五平六)	(將 4 进 1)

Schwarz kann den General (將) jetzt nur noch hoch und runter bewegen.

5.	K5-1	K4-1
	(帥五退一)	(將 4 退 1)

Jetzt kann die Kanone (炮) zuschlagen.

6. C6+7
(炮六进七)

Rot siegt jetzt. Der Rest entspricht dem Vorgehen: Sieg mit einer Kanone (炮) und einem Beamten (仕).

Sieg mit einer Kanone und einem Beamten gegen zwei Leibwachen

Besitzt eine Seite eine Kanone (炮) und einen Beamten (仕) bzw. eine Leibwache (士) und die andere Seite zwei Leibwachen (士) bzw. Beamten (仕), so ist der Sieg sicher. Denn der eigene Befehlshaber (帥) bzw. General (將) kann die Mitte des feindlichen Palastes blockieren.

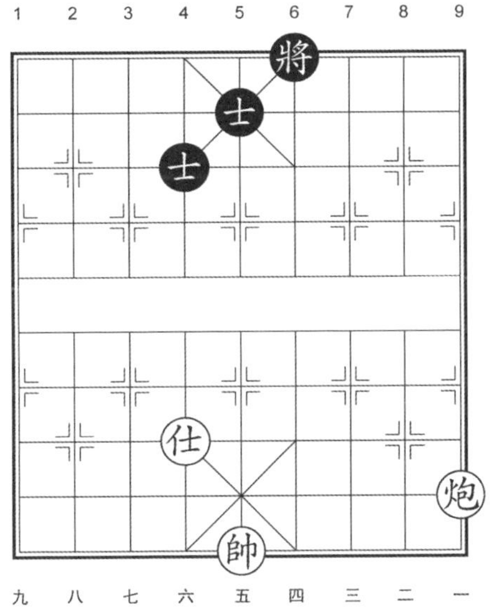

	Rot	Schwarz
1.	A6-5	K6=5
	(仕六退五)	(將 6 平 5)
2.	A5+4	K5=4
	(仕五进四)	(將 5 平 4)
3.	C1=4	K4=5
	(炮一平四)	(將 4 平 5)
4.	C4=6	K5=6
	(炮四平六)	(將 5 平 6)

Da die Kanone (炮) die linke Reihe des Palastes blockiert, konnte Schwarz nur noch nach rechts ausweichen.

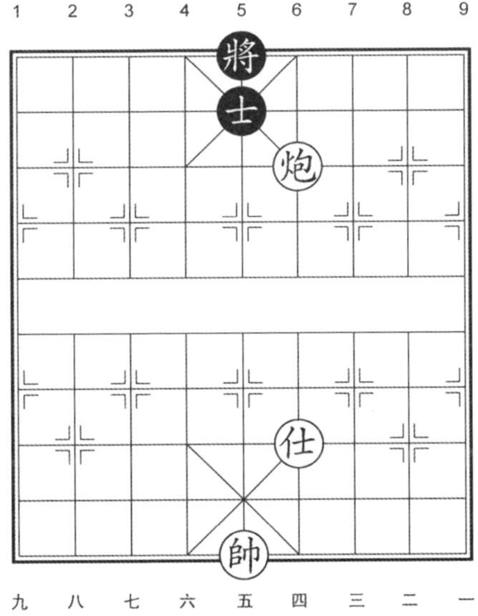

5.	C6=5	A5+6
	(炮六平五)	(士 5 进 6)

Der Befehlshaber (帥) ist jetzt im Spiel. Die Kanone (炮) greift die Flanke an.

6.	C5=4	A4-5
	(炮五平四)	(士 4 退 5)
7.	C4-1	K6=5
	(炮四退一)	(將 6 平 5)
8.	C4+7	
	(炮四进七)	

Rot siegt jetzt leicht, siehe vorne.

Sieg mit einer Kanone und einem Beamten gegen einen Elefanten

Besitzt eine Seite eine Kanone (炮) und einen Beamten (仕) bzw. eine Leibwache (士) und die andere Seite nur noch einen Elefanten (象) bzw. Minister (相), so ist der Sieg sicher. Denn die Kombination aus Kanone (炮) und Befehlshaber (帥) bzw. General (將) knackt immer die gegnerische Verteidigung.

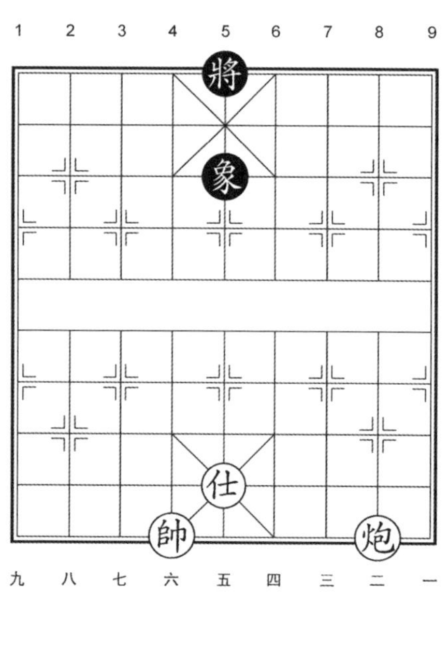

	Rot	Schwarz
1.	C2=5	K5+1
	(炮二平五)	(將 5 进 1)
2.	A5+4+	K5=6
	(仕五进四)	(將 5 平 6)
3.	K6+1	E5-3
	(帥六进一)	(象 5 退 3)
4.	K6=5	
	(帥六平五)	

Schwarz droht matt durch die Kanone (炮). Er kann das Ende nur hinauszögern, indem er den Elefanten (象) opfert.

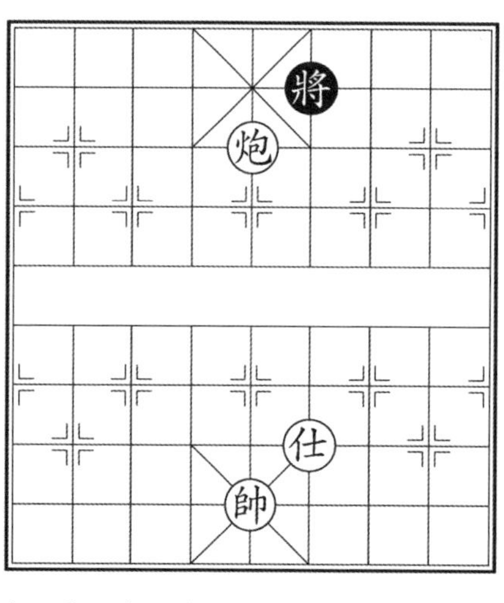

4.		E3+5
		(象 3 进 5)
5.	C5+7	
	(炮五进七)	

Rot siegt jetzt. Der Rest entspricht dem Vorgehen: Sieg mit einer Kanone (炮) und einem Beamten (仕).

Eine Alternative für Schwarz wäre es gewesen, den Elefanten (象) zur Seite zu ziehen. Das zögert die Niederlage nur hinaus, da letztlich der Elefant (象) als Kanonenfutter herhalten muss. Es hätte sich dann folgendes Spiel ergeben:

	Rot	Schwarz
2.		E5-3 (象 5 退 3)

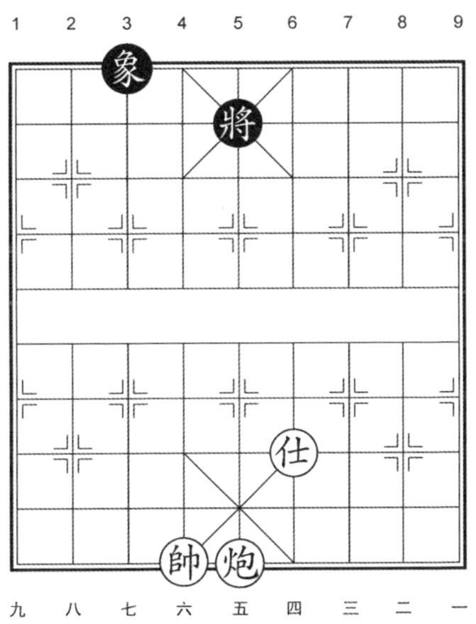

Rot muss den Befehlshaber (帥) in die Mitte bringen. Der General (將) deckt diese, aber nicht mehr lange…

3.	K6+1 (帥六进一)	K5-1 (將 5 退 1)

Wäre Schwarz nach rechts gegangen, wäre der Elefant (象) schnell verloren. So deckt Schwarz weiter die Mitte.

4.	A4-5+ (仕四退五)	K5=6 (將 5 平 6)
5.	K6+1 (帥六进一)	K6+1 (將 6 进 1)
6.	K6=5 (帥六平五)	K6-1 (將 6 退 1)
7.	A5+4 (仕五进四)	

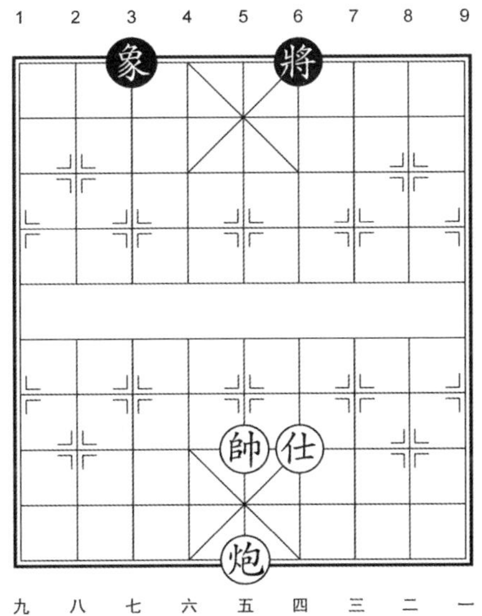

Schwarz droht matt durch die Kanone (炮). Er kann das Ende nur hinauszögern, indem er den Elefanten (象) opfert.

7.		E3+5 (象 3 进 5)

Unentschieden mit einer Kanone und einem Beamten gegen zwei Elefanten

Besitzt eine Seite eine Kanone (炮) und einen Beamten (仕) bzw. eine Leibwache (士) und die andere Seite noch zwei Elefanten (象) bzw. Minister (相), so ist das Spiel unentschieden. Denn die beiden zwei Elefanten (象) bzw. Minister (相) können sich immer so decken, dass Rot nicht in den Palast vordringen kann.

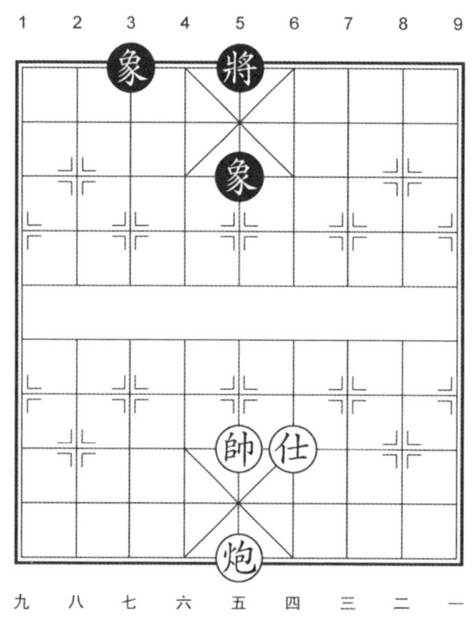

Betrachten wir zuerst die Ausgangsstellung auf der linken Seite. Schwarz hat sich im Palast mit beiden Elefanten (象) verschanzt. Rot ist optimal für einen Angriff positioniert. Dennoch kann Rot den schwarzen Elefanten (象) nicht schlagen, da er sonst die Kanone (炮) verlieren würde. Es gäbe noch folgende Möglichkeit, Schwarz anzugreifen:

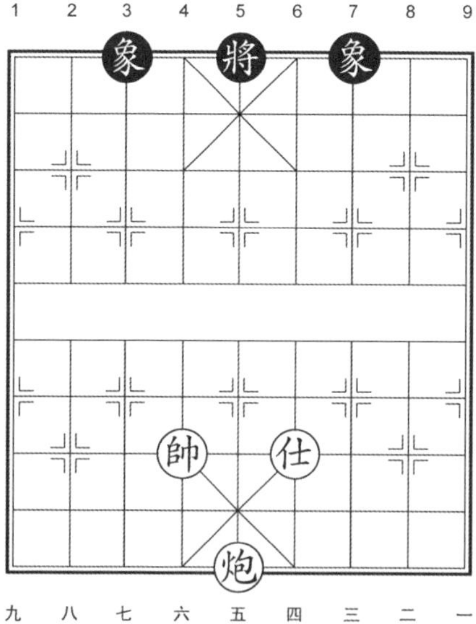

	Rot	Schwarz
1.	K5=6+	E5+7
	(帥五平六)	(象 5 进 7)
2.	A4-5+	E7-5
	(仕四退五)	(象 7 退 5)
3.	A5+4+	
	(仕五进四)	

Rot hat nichts gewonnen. Er kann nicht einmal den feindlichen General (將) dazu zwingen, sich zu bewegen. Als nächstes zieht Schwarz einfach wieder seinen Elefanten (象) weg.

3.		E5-7
		(象 5 退 7)

Das Spiel ist unentschieden.

Sieg mit einer Kanone und einer Waffe gegen zwei Leibwachen

Besitzt eine Seite eine Kanone (炮) und eine Waffe (兵) bzw. einen Soldaten (卒) und die andere Seite zwei Leibwachen (士) bzw. Beamten (仕), so ist der Sieg sicher. Die zwei Leibwachen (士) bzw. Beamten (仕) können nicht verteidigt werden.

	Rot	Schwarz
1.	K6=5	K6+1
	(帥六平五)	(將 6 进 1)

Der Befehlshaber (帥) deckt jetzt die Mitte.

	Rot	Schwarz
2.	P3=4	K6-1
	(兵三平四)	(將 6 退 1)
3.	C7=4+	K6=5
	(炮七平四)	(將 6 平 5)
4.	P4+1	K5=4
	(兵四进一)	(將 5 平 4)

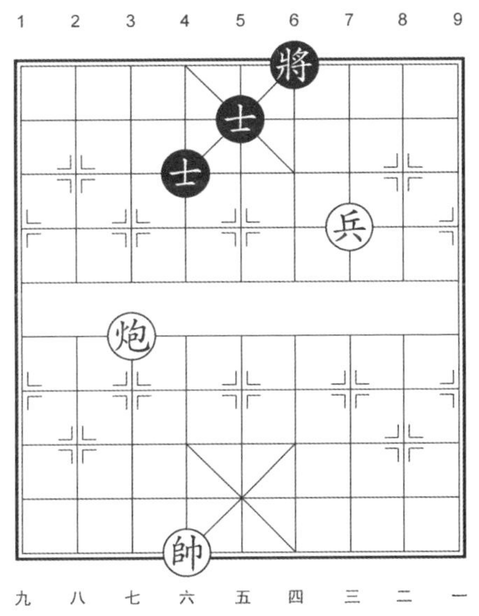

Jetzt geht die Waffe (兵) in Stellung. Schwarz verliert gleich die erste Leibwache (士).

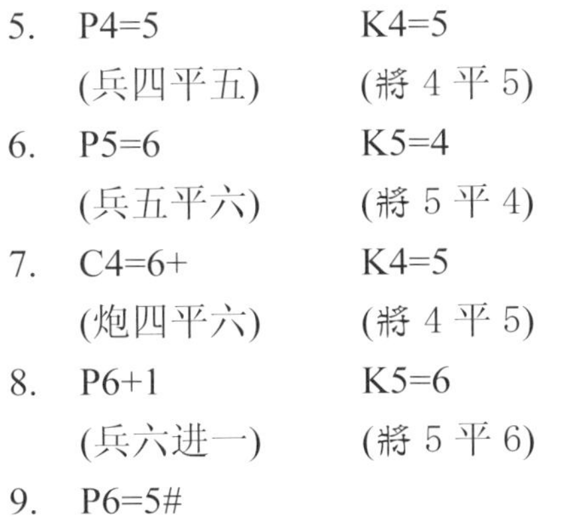

	Rot	Schwarz
5.	P4=5	K4=5
	(兵四平五)	(將 4 平 5)
6.	P5=6	K5=4
	(兵五平六)	(將 5 平 4)
7.	C4=6+	K4=5
	(炮四平六)	(將 4 平 5)
8.	P6+1	K5=6
	(兵六进一)	(將 5 平 6)
9.	P6=5#	
	(兵六平五)	

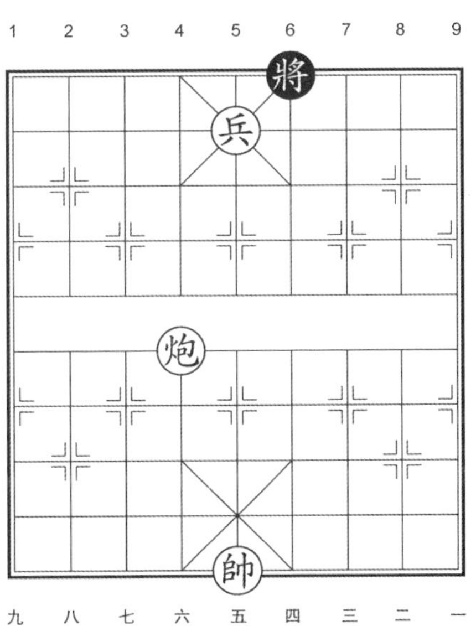

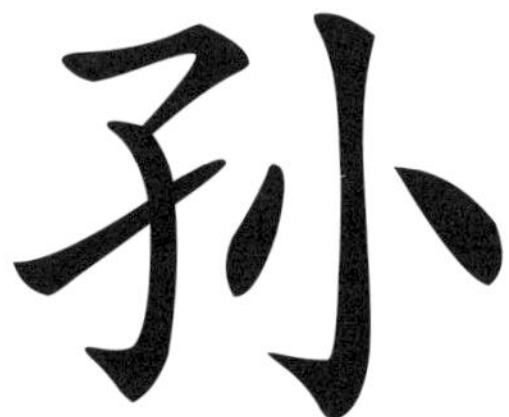

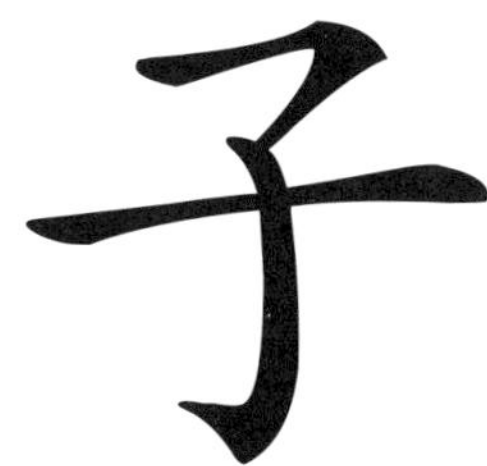

„Wolltest du eine komplette Armee für den Kampf vorbereiten, würde das zuviel Zeit beanspruchen. Wolltest du aber nur mit einer kleinen Einheit siegen, so wärest du mangelhaft ausgerüstet."

Sun Tsu (sūnzǐ, 孙子), 534 bis 453 v. Chr.

Vierter Teil: Übungen

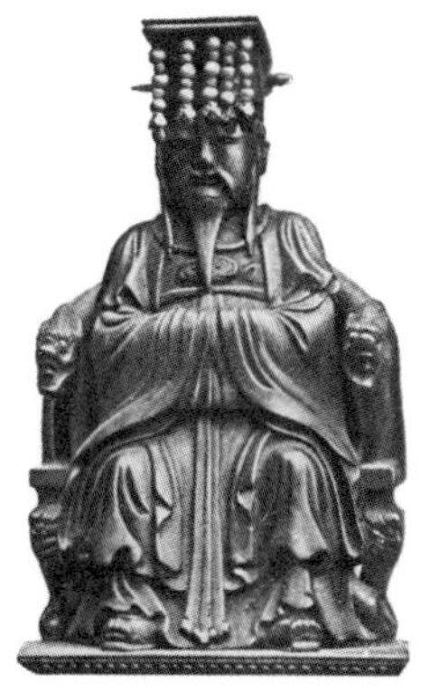

4 Übungen

Der Zweck jeglicher Übung ist es, den Gebrauch in einer Sache zu trainieren und damit zu einer Gewohnheit werden zu lassen. Je mehr eine Sache geübt wurde, desto weniger muss sich der Geist mit kleinen Selbstverständlichkeiten beschäftigen und hat Freiraum für das große Ganze. Je komplexer eine Sache ist, desto mehr macht sich Übung bemerkbar.

Im Eingang des Buches wurde das Schachspiel als ein geistiges Kräftemessen beschrieben. Es ist richtig, dass durch das Spiel die Fähigkeit des Geistes auf die Probe gestellt wird, Situationen zu durchschauen und durch Spielzüge zukünftige Situationen herbeizuführen. Auf der anderen Seite ist diese Fähigkeit aber auch sehr stark von der Übung in der Materie des Schachspiels selbst abhängig. Nur wer die Gefahr einer Zugkombination kennengelernt hat, der wird in einer ähnlichen Situation eine Gefahr sehen, bevor diese zu einer wirklichen Bedrohung wird. Durch die Übung also wird der Geist geschärft, sich des Instrumentariums aus Spielmaterial und Spielregeln zielgerichtet bedienen zu können. Übung schafft Erfahrung. Die natürliche Kombinationsfähigkeit des Geistes wird durch die Erfahrung multipliziert und ergibt als Resultat die Spielstärke eines Spielers. Ein noch so kluger Kopf wird bei seinem ersten Spiel so damit beschäftigt sein, sich die Funktion der Spielfiguren und ihrer Regeln ins Gedächtnis zu rufen, als dass er freie Gedanken auf die Spielsituation selbst verwenden könnte.

Nachdem die vorangegangenen Erläuterungen über Spielmaterial und Spielregeln das Spiel in allen Details erklärt haben, dient dieses Kapitel dazu, die Verwendung jener zu üben. Dem Leser werden einzelne Spielsituationen präsentiert, in denen eine Seite durch einen oder mehrere Spielzüge einen bedeutenden Vorteil oder sogar den Sieg erringen kann. Zu jeder Spielsituation ist am Fuß der zugehörigen Seite ein Lösungsvorschlag angegeben. Die Beispiele sind nach ihrem Schwierigkeitsgrad geordnet. In den ersten Übungen kann eine Seite durch einen einzelnen Spielzug den Sieg davontragen. Später gilt es, durch eine Zugkombination einen Vorteil zu erreichen. Zu Beginn sind die Lösungen in der englischen und der chinesischen Notation angegeben. Weiter hinten – bei mehreren Spielzügen – ist aus Platzgründen nur die englische Notation gewählt worden.

Aufgabe 1:

Wie lautet der beste Zug für Rot? ♣

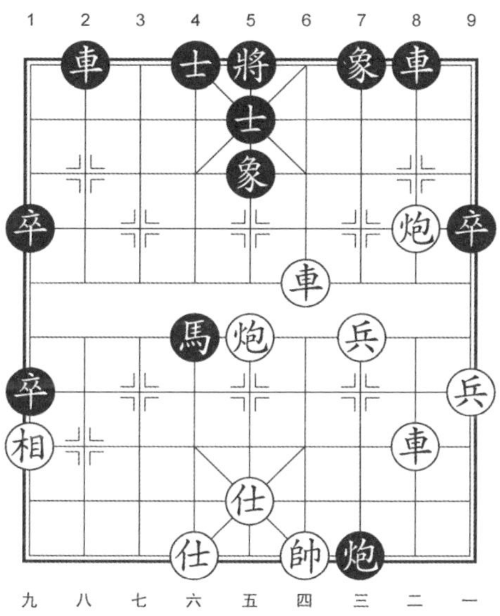

Aufgabe 2:

Wie lautet der beste Zug für Schwarz? ♠

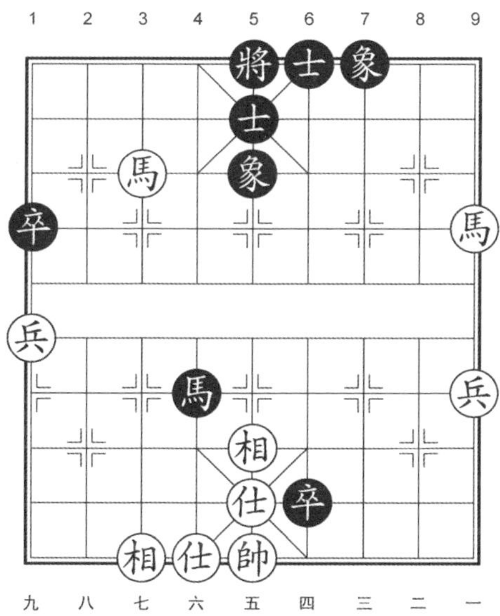

♣ R4+4# (車四进四) ♠ H4+3# (馬 4 进 3)

Aufgabe 3:

Wie lautet der nächste Zug für Rot? ♣

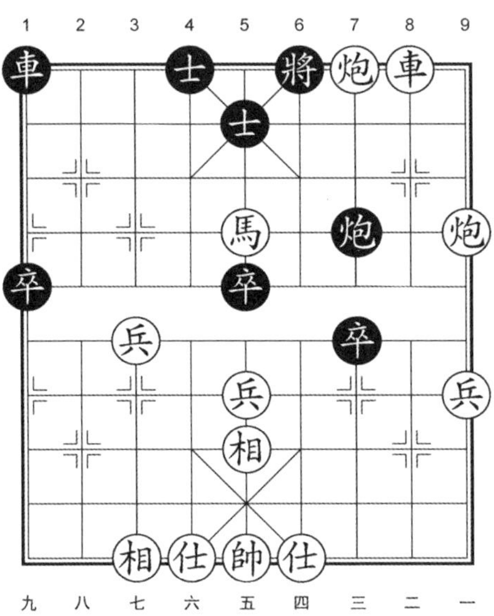

Aufgabe 4:

Wie lautet der nächste Zug für Rot? ♠

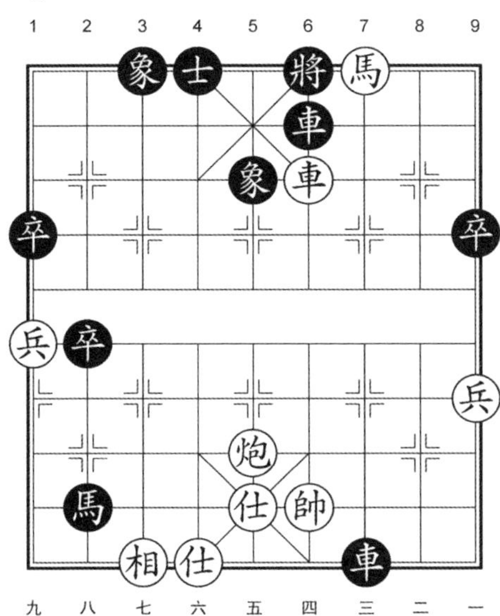

♣ C3-2# (炮三退二)　♠ R4+1# (車四进一)

Aufgabe 5:

Wie lautet der nächste Zug für Rot? ♣

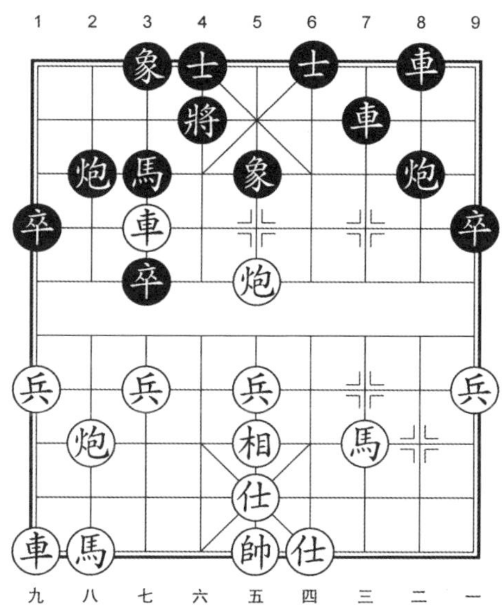

Aufgabe 6:

Wie lautet der nächste Zug für Schwarz? ♠

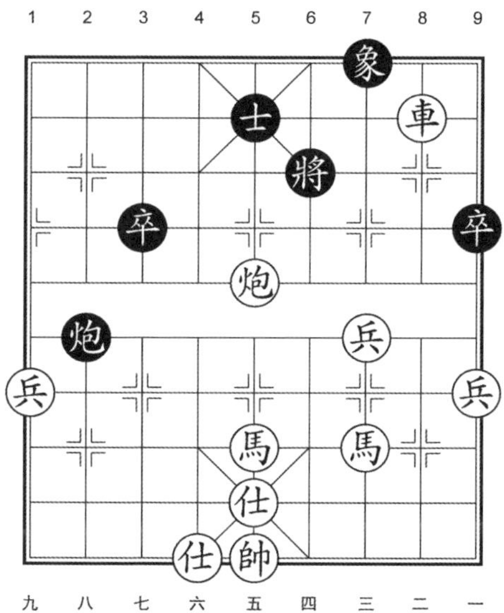

♣ R7=6# (車七平六) ♠ C2+4# (炮 2 进 4)

Aufgabe 7:

Wie lautet der nächste Zug für Rot? ♣

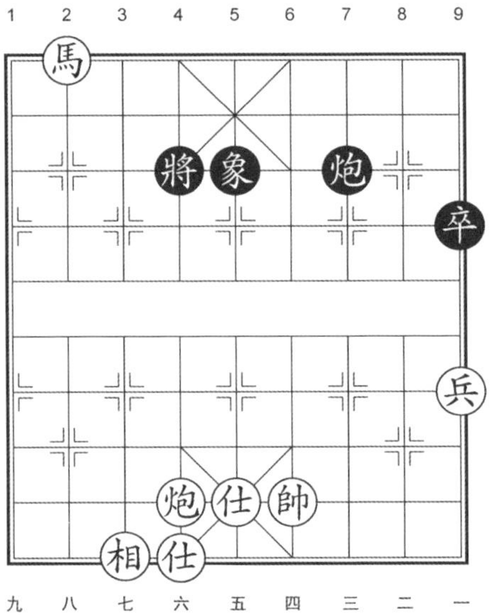

Aufgabe 8:

Wie lautet der nächste Zug für Schwarz? ♠

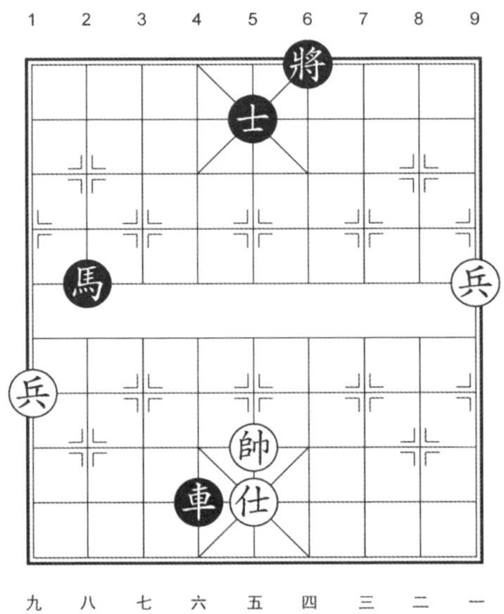

♣ A5+6# (仕五进六) ♠ H2+4# (馬 2 进 4)

Aufgabe 9:

Wie lautet der nächste Zug für Schwarz? ♣

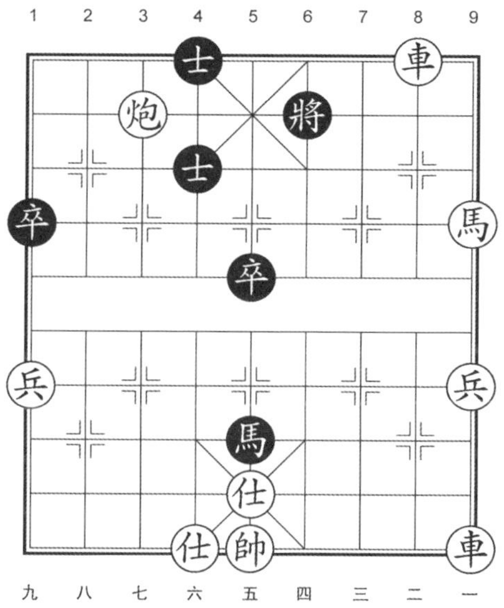

Aufgabe 10:

Wie lautet der nächste Zug für Schwarz? ♠

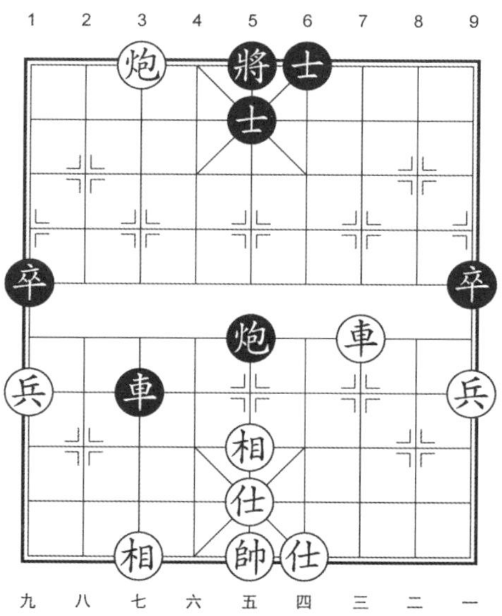

♣ H5+7# (馬 5 进 7)   ♠ R3+3# (車 3 进 3)

Aufgabe 11:

Wie lautet der nächste Zug für Schwarz? ♣

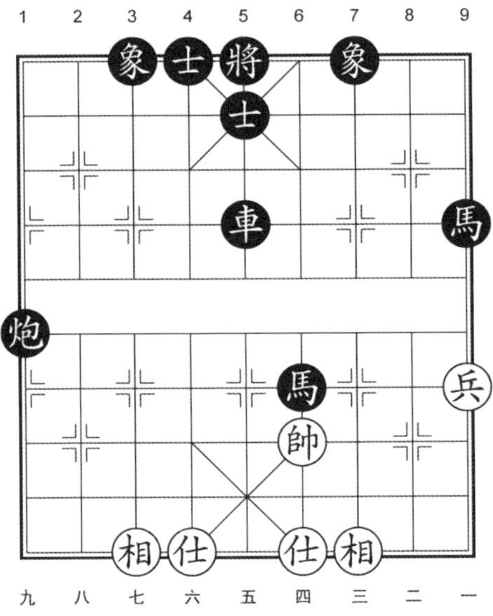

Aufgabe 12:

Wie lautet der nächste Zug für Rot? ♠

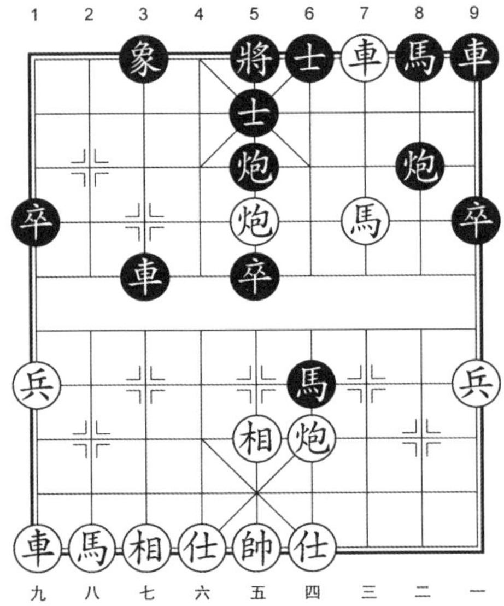

♣ C1=6# (炮 1 平 6) ♠ R3=4# (車三平四)

Aufgabe 13:

Wie lautet der nächste Zug für Schwarz? ♣

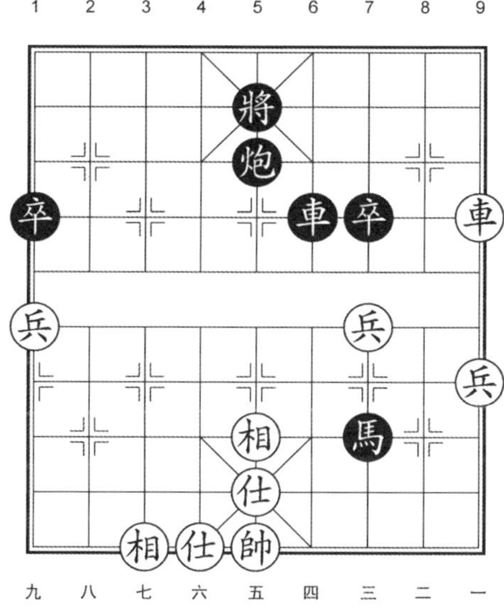

Aufgabe 14:

Wie lautet der beste Zug für Schwarz? ♠

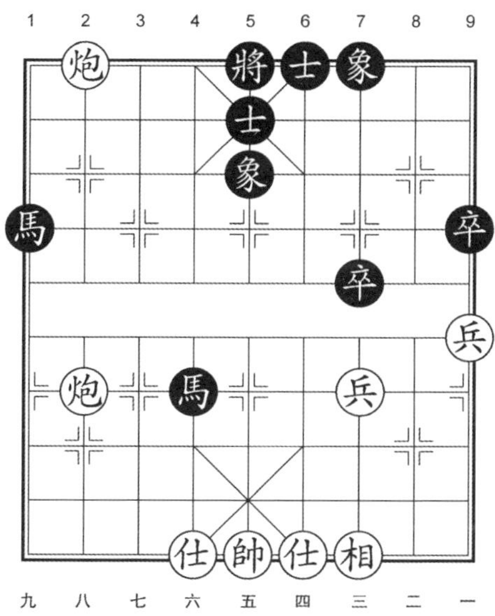

♣ R6+6# (車 6 进 6) ♠ H4+3+ (馬 4 进 3) und gewinnt die Kanone (炮)

Aufgabe 15:

Wie lautet der nächste Zug für Schwarz? ♣

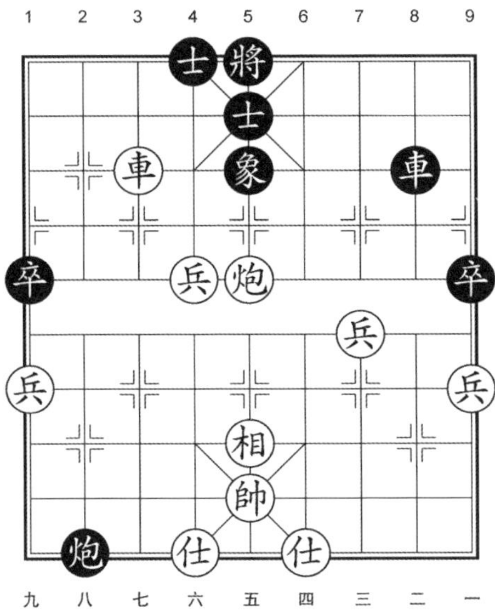

Aufgabe 16:

Wie lautet der nächste Zug für Schwarz? ♠

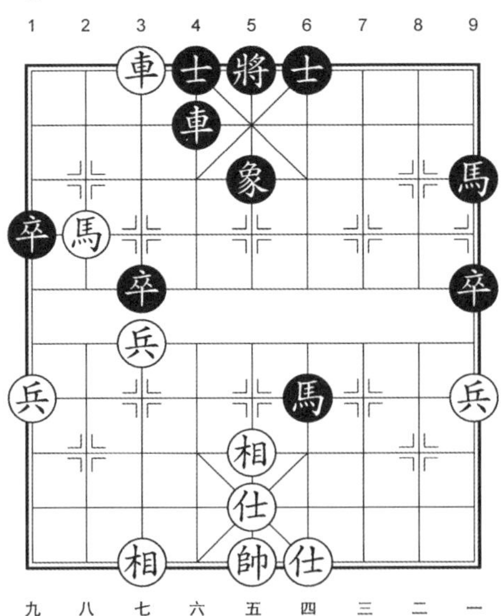

♣ R8+6# (車 8 进 6) ♠ H6+7# (馬 6 进 7)

Aufgabe 17:

Wie lautet der nächste Zug für Rot? ♣

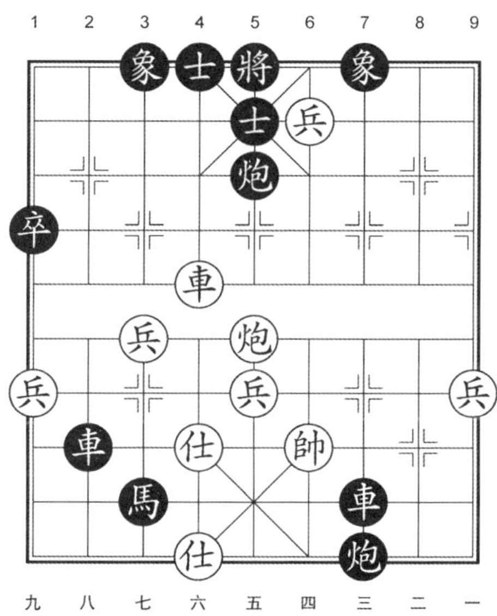

Aufgabe 18:

Wie lautet der nächste Zug für Schwarz? ♠

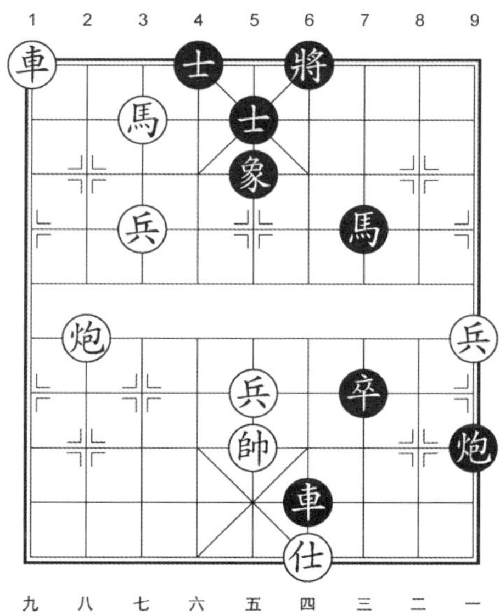

♣ P4+1# (兵四进一) ♠ P7+1# (卒 7 进 1)

Aufgabe 19:

Wie lauten die nächsten zwei Züge für Schwarz? ♣

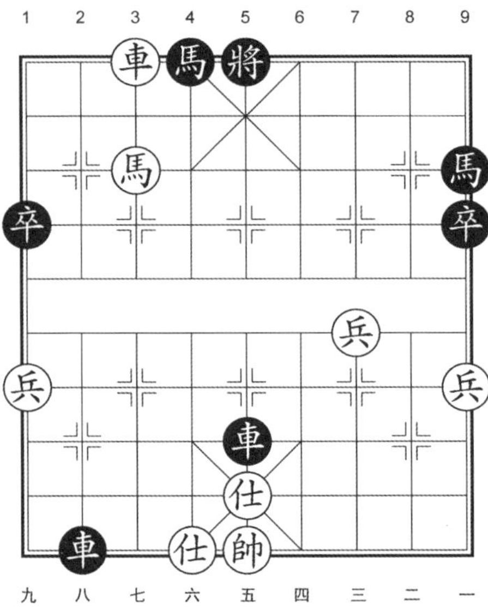

Aufgabe 20:

Wie lauten die nächsten zwei Züge für Schwarz? ♠

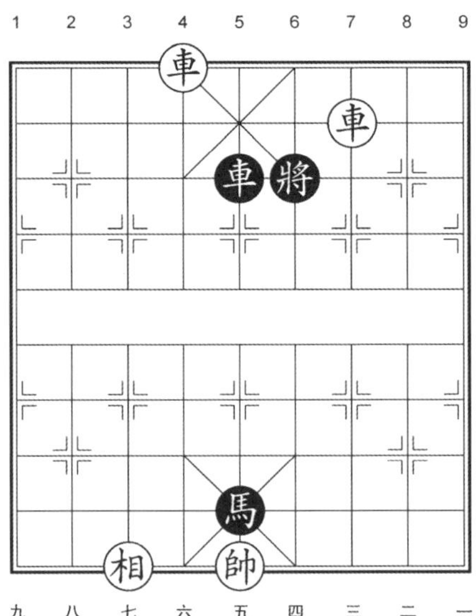

♣ … R5+1+, K5=4 R2=4# ♠ … H5-3+, E7+5 R5+5#

Aufgabe 21:

Wie lauten die nächsten zwei Züge für Rot? ♣

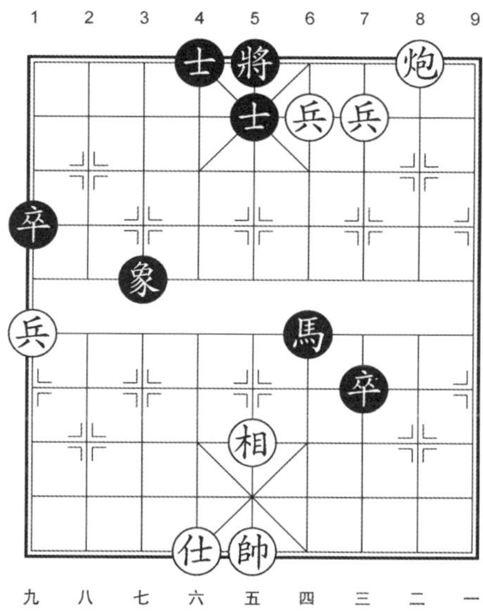

Aufgabe 22:

Wie lauten die nächsten zwei Züge für Schwarz? ♠

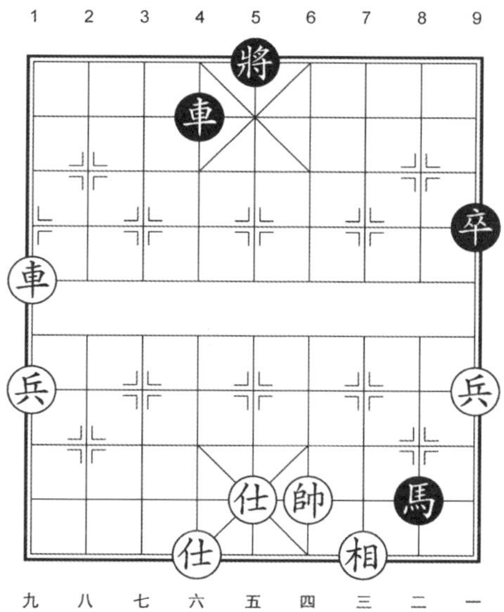

♣ P3+1+ A5-6, P3=4# ♠ … R4=6+, A5+4 R6+6#

Aufgabe 23:

Wie lauten die nächsten zwei Züge für Schwarz? ♣

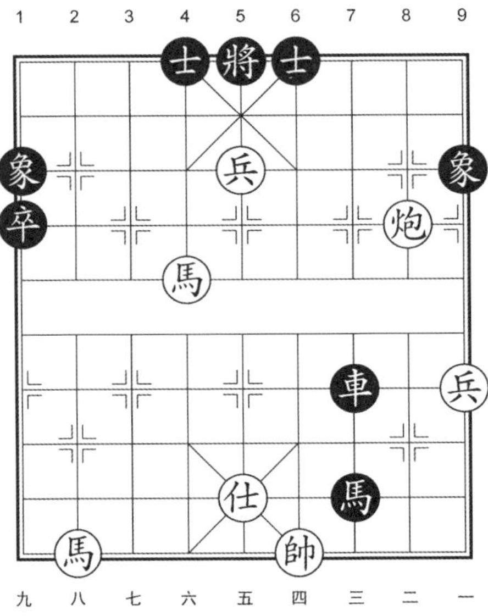

Aufgabe 24:

Wie lauten die nächsten zwei Züge für Rot? ♠

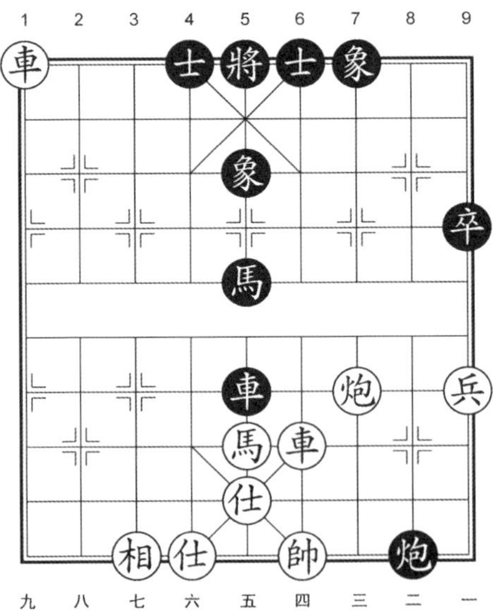

♣ … R7=6+, A5+4 R6+1#   ♠ R4+7+ K5+1, R9-1#

Aufgabe 25:

Wie lauten die nächsten drei Züge für Schwarz? ♣

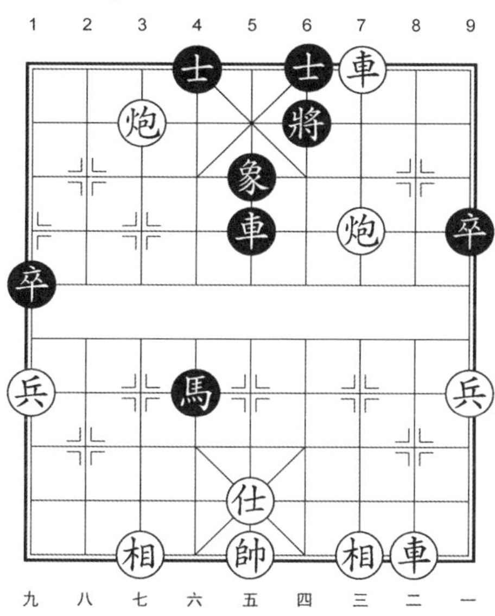

Aufgabe 26:

Wie lauten die nächsten zwei Züge für Rot? ♠

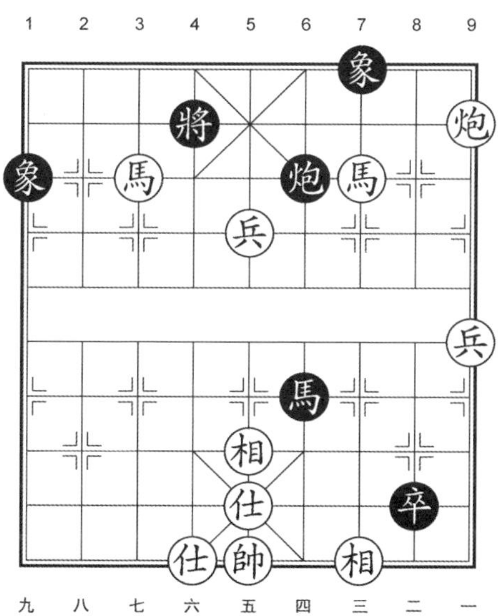

♣ … H4+3+, K5=6 R5=4+, A5+6 R4+4# ♠ H3+4+ K4+1, P5=6#

Aufgabe 27:

Wie lauten die nächsten zwei Züge für Schwarz? ♣

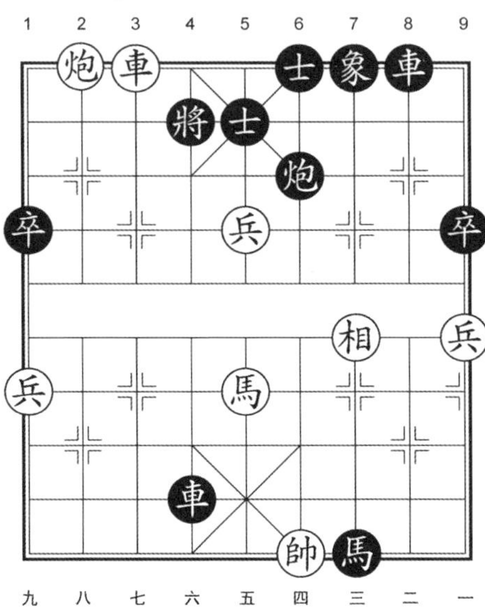

Aufgabe 28:

Wie lauten die nächsten zwei Züge für Schwarz? ♠

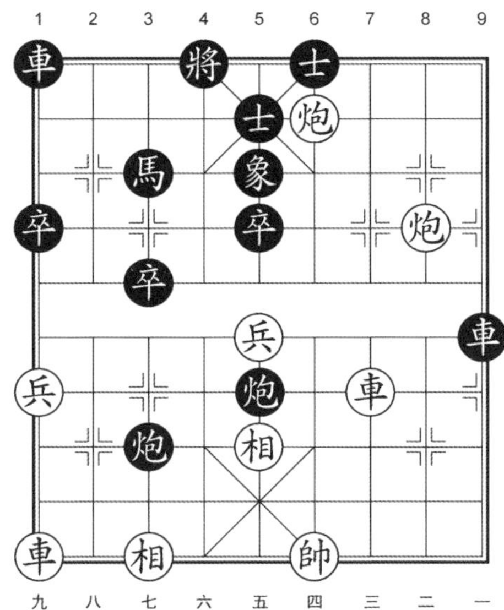

♣ … H7-6+, H5-4 R4+1# oder H5+4 R8+9# ♠ … R9=6+, R3=4 R6+1#

Aufgabe 29:

Wie lauten die nächsten zwei Züge für Rot? ♣

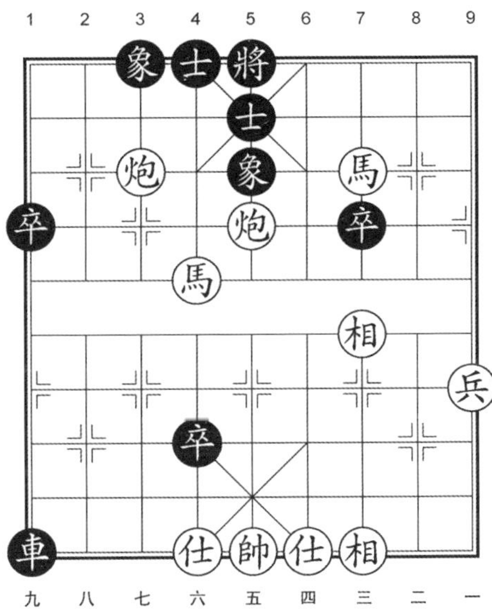

Aufgabe 30:

Wie lauten die nächsten zwei Züge für Schwarz? ♠

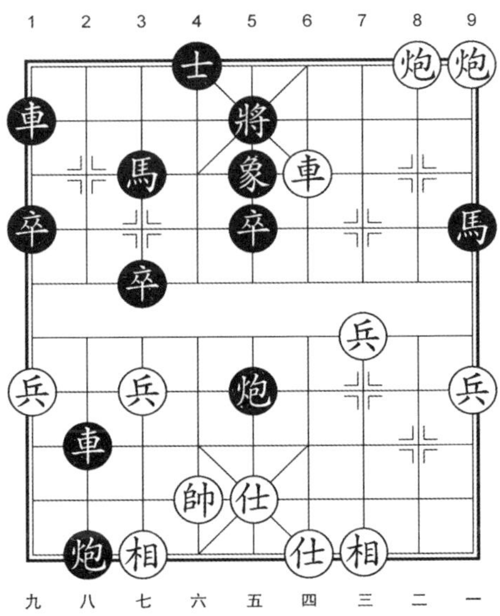

♣ H6+5 E3+5 oder P4+1, C7+2# oder H5+7#

♠ … R1=4+, A5+6 R2+1#

Aufgabe 31:

Wie lauten die nächsten zwei Züge für Rot? ♣

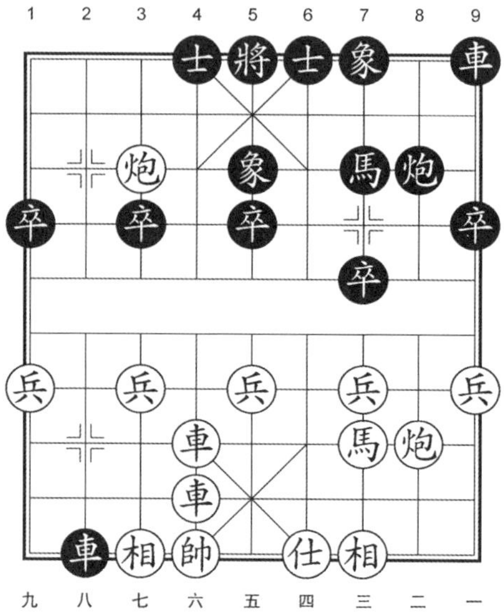

Aufgabe 32:

Wie lauten die nächsten zwei Züge für Schwarz? ♠

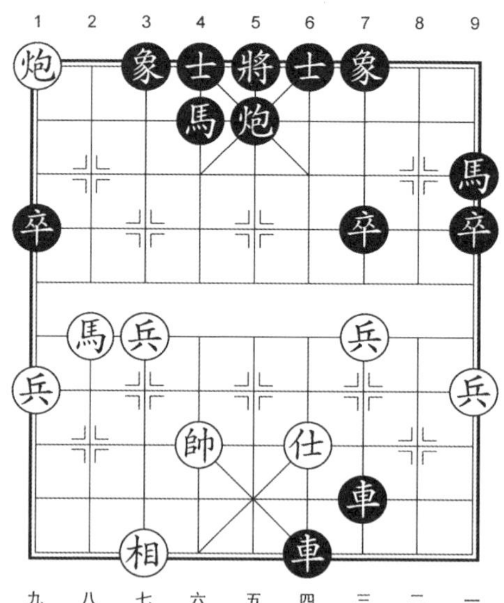

♣ fR6+7+ K5+1, rR6+7# ♠ … R6=4+, K6=5 E7+5#

Aufgabe 33:

Wie lauten die nächsten zwei Züge für Schwarz? ♣

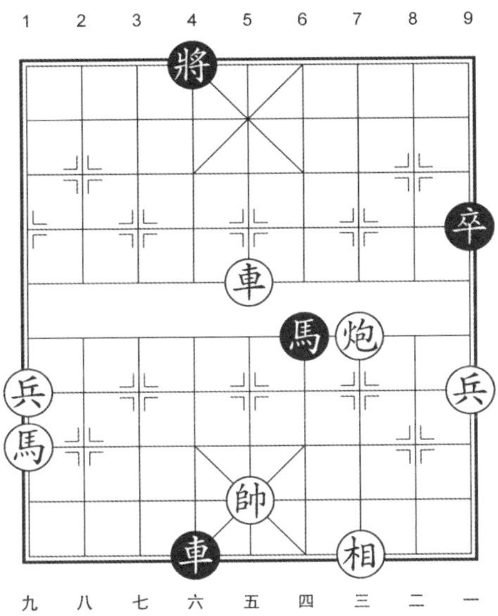

Aufgabe 34:

Wie lauten die nächsten zwei Züge für Rot? ♠

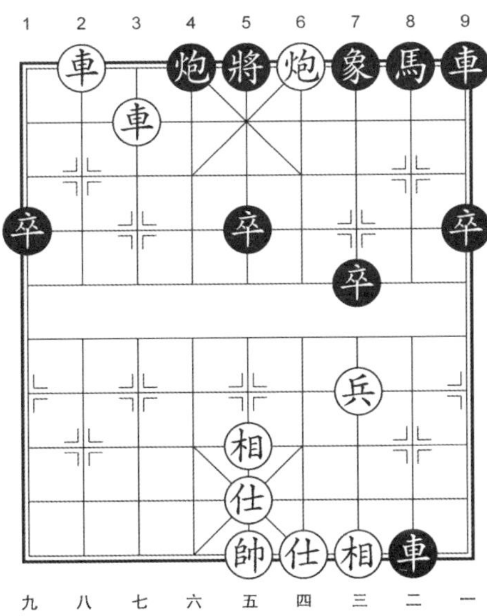

♣ … H6+7+, K5=4 R4=6# oder K5+1 R4-2# ♠ K5=6 K5=6, R8=6#

Aufgabe 35:

Wie lauten die nächsten zwei Züge für Rot? ♣

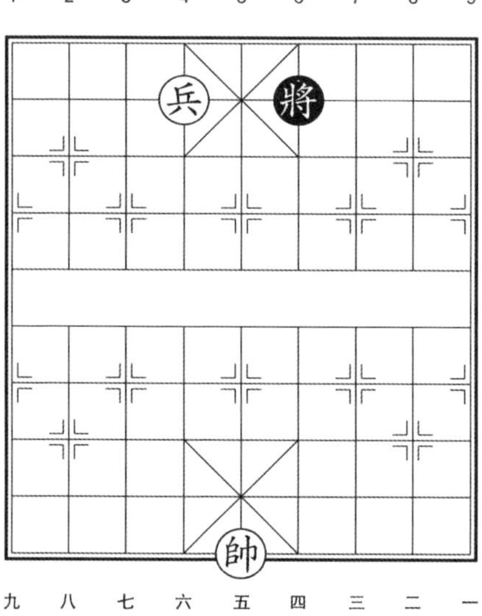

Aufgabe 36:

Wie lauten die nächsten zwei Züge für Rot? ♠

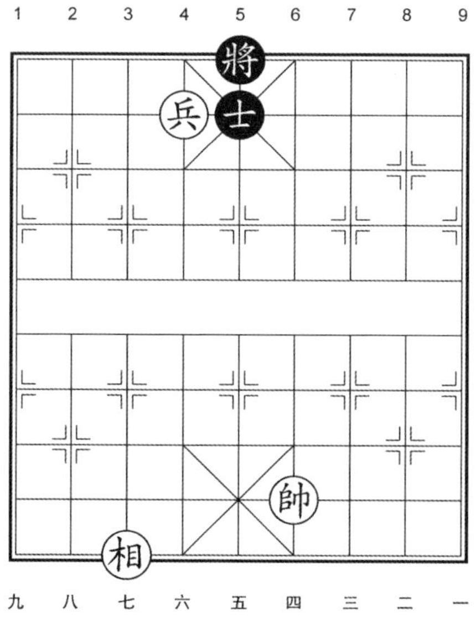

♣ P6=5+ K6+1, K5+1#   ♠ K4=5 K5=6, P6=5#

Aufgabe 37:

Wie lauten die nächsten zwei Züge für Rot? ♣

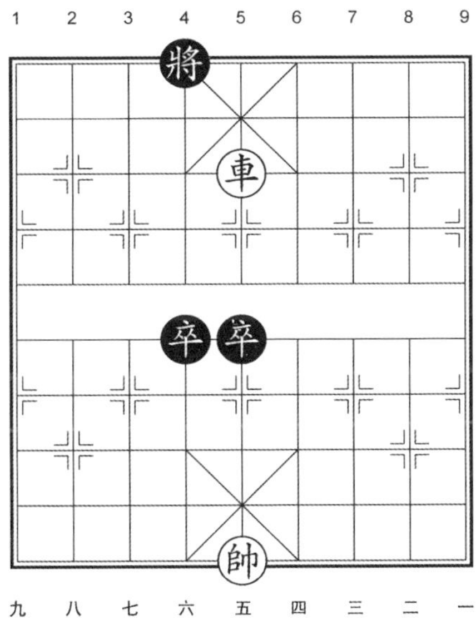

Aufgabe 38:

Wie lauten die nächsten zwei Züge für Rot? ♠

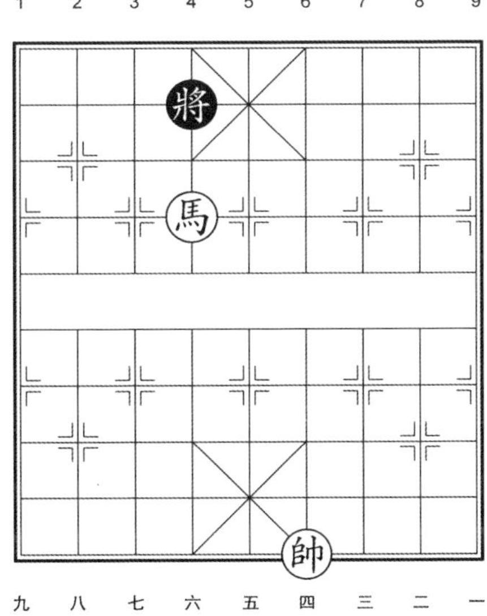

♣ R5=6+ K4=5, R6-3 gewinnt den Soldaten (卒) ♠ K4=5 K4+1, H6+8#

Aufgabe 39:

Wie lauten die nächsten zwei Züge für Schwarz? ♣

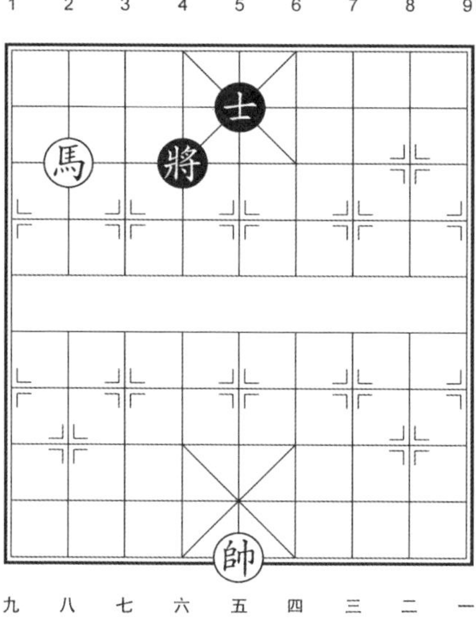

Aufgabe 40:

Wie lauten die nächsten zwei Züge für Rot? ♠

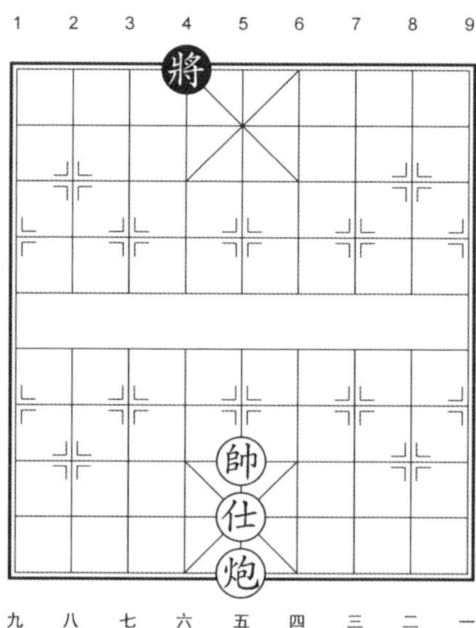

♣ H8+7+ K4-1, H7-5 gewinnt die Leibwache (士) ♠ A5+6 K4+1, C5=6#

Aufgabe 41:

Wie lauten die nächsten zwei Züge für Schwarz? ♣

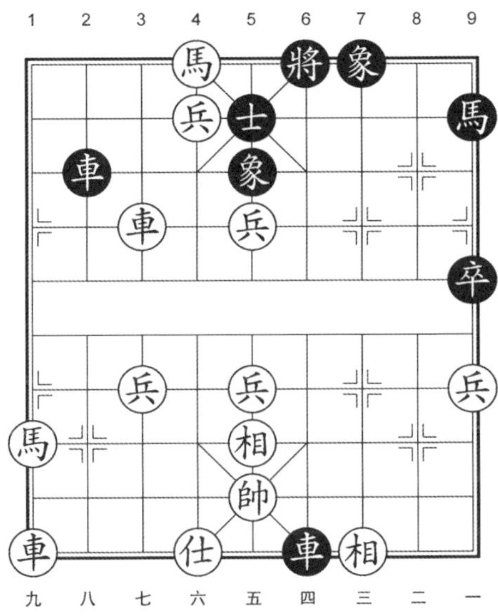

Aufgabe 42:

Wie lauten die nächsten zwei Züge für Schwarz? ♠

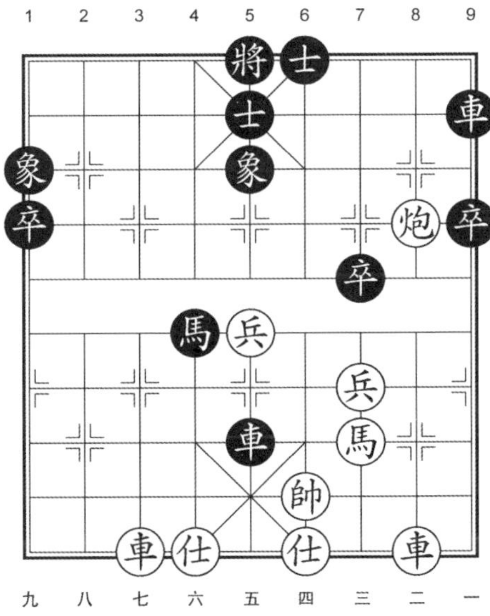

♣ … R2+6+, H9-7 R2=3#   ♠ … R9=6+, C2=4 R6+2#

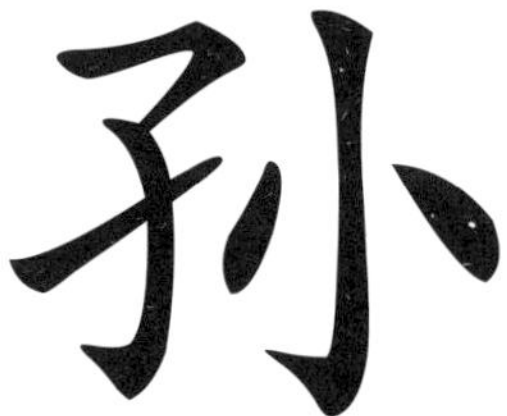

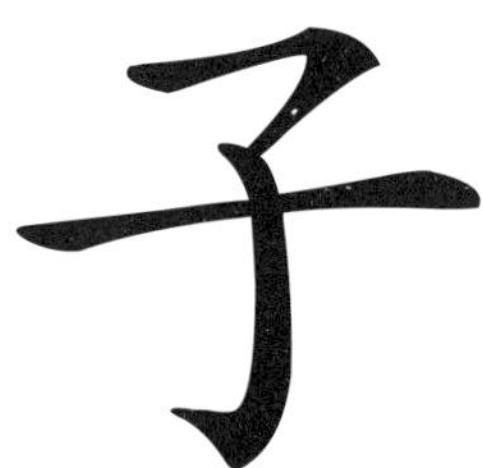

„Kannst du den anderen dazu bringen, Form anzunehmen, während du selbst formlos bist, dann sind deine Kräfte konzentriert, während die deines Gegners zerfließen."

Sun Tsu (sūnzǐ, 孙子), 534 bis 453 v. Chr.

Fünfter Teil: Der Anhang

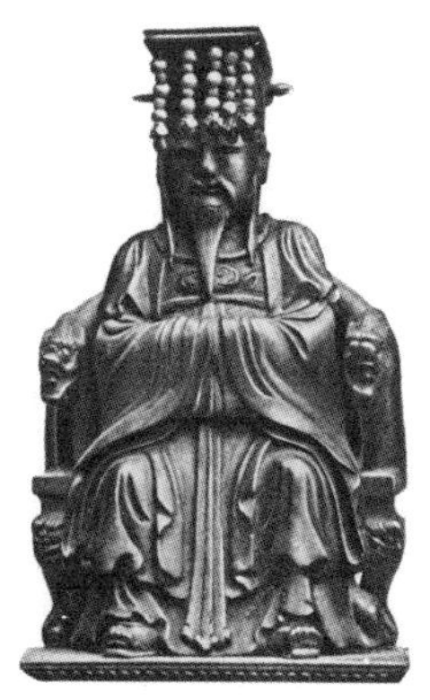

5 Anhang

Der Anhang dient dem Zweck, weitere Informationen rund um das chinesische Schach zu liefern. Der Fokus liegt auf folgenden drei Themenbereichen:

- Vorstellung des Deutschen Xiangqi Bundes
- Xiangqi online spielen
- Selbstbau eines Xiangqi

5.1 Deutscher Xiangqi Bund

Der Deutsche Xiangqi Bund (DXB) ist der Zusammenschluss der Vereine, Spielgemeinschaften und Einzelspieler, die das Xiangqi (Chinesisches Schach) als Sportart betreiben. Ziel ist die Pflege, Förderung und Verbreitung des Xiangqi durch Veranstaltung von nationalen und internationalen Turnieren.[8]

Wer sich den deutschen Xiangqi-Aktivitäten anschließen möchte, schaut am besten online nach, was zurzeit aktuell ist. Tabelle 17 gibt eine Übersicht über wichtige Webseiten der Xiangqi-Szene.

Name	Webseite
Deutscher Xiangqi Bund	www.chinaschach.de
Xiangqi in Braunschweig	www.xiangqi-braunschweig.de
Stoßzahn Franken	www.stosszahn-franken.de
Xiangqi bei Aufbau Elbe Magdeburg	http://www.math.uni-magdeburg.de/~rooff/Schach/chinfram.html
Xiangqi im Rhein-Main-Gebiet	www.proxima-centauri.de/xiangqi
Xiangqi e.V. Berlin	www.xiangqi.de
World Xiangqi Federation	www.wxf.org

Tabelle 17: Wichtige Links rund um das Xiangqi

[8] www.chinaschach.de

5.2 Xiangqi online spielen

Auf der Webseite des Deutschen Xiangqi Bundes wird angeboten, Xiangqi kostenlos online zu spielen. Abbildung 31 zeigt ein Bildschirmfoto der Webseite. Zu erreichen ist das Spiel unter: www.chinaschach.de/dxbplay.html.

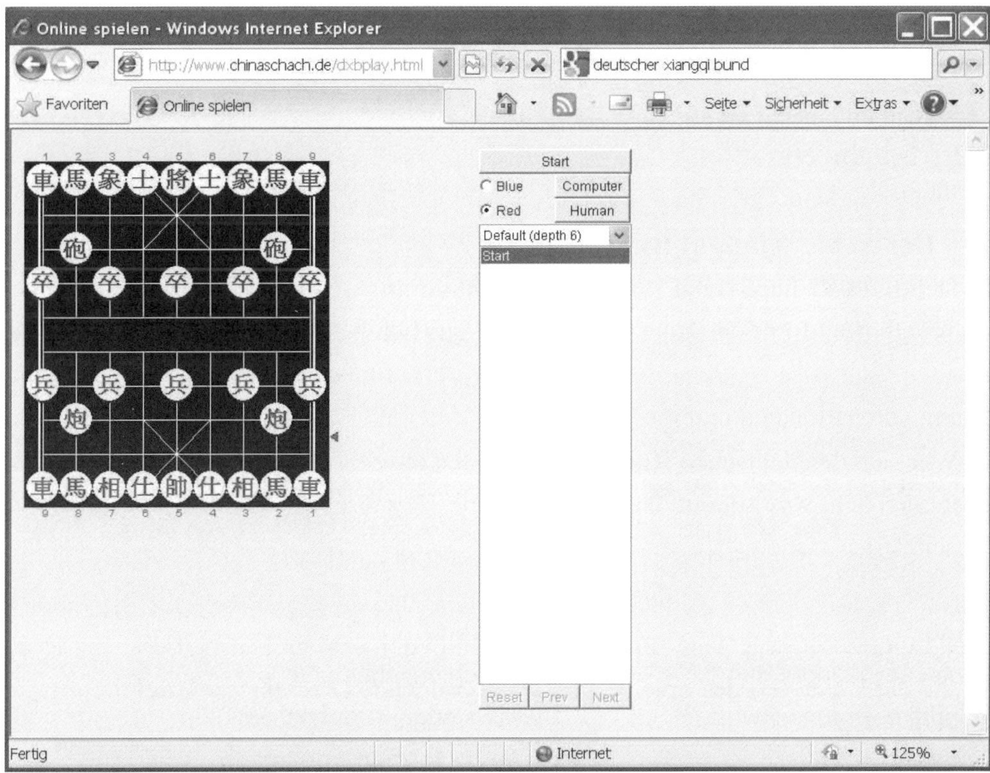

Abbildung 31: Xiangqi online spielen

www.chinaschach.de/dxbplay.html

5.3 Selbstbau eines Xiangqi

Um ein Xiangqi selbst zu bauen, müssen ein Spielbrett und Spielsteine hergestellt werden. Das Material kann sehr vielfältig sein. Am einfachsten ist es, ein Spiel aus Papier oder Pappe herzustellen. Auf jeden Fall sollte vor Beginn eines Selbstbaus der Durchmesser der Spielsteine (D) festgelegt werden. Denn dieser bestimmt die geometrischen Größen des Spielbretts: Höhe (H), Breite (B) und den Gitterabstand (G).

5.3.1 Spielbrett

Das Spielbrett kann im einfachsten Fall mit einem Bleistift und Lineal auf einen großen Karton gezeichnet werden. Es ist darauf zu achten, dass das Gitter ein bisschen größer sein muss als der Durchmesser der Spielsteine. Ein Aufschlag von 10% hat sich bewährt, so dass für den Gitterabstand (G) folgende Formel verwendet werden kann:

D = Durchmesser eines Spielsteins
$G = D * 1{,}1$

An den Rändern des Spielbretts sollte zwischen Rand und Gitter etwas Platz gelassen werden. Insbesondere über und unter dem Gitter, also den den Spielern zugewandten Seiten, wird zusätzlich Platz für die Beschriftung der Spalten benötigt. Für die Höhe (H) und die Breite (B) des Spielbretts können folgende Formeln zur Orientierung genommen werden:

$H = G * 10 + 2 * D$
$B = G * 9 + 1{,}2 * D$

Wie das Spielbrett aussieht, zeigt Abschnitt 1.1. Ob man die chinesische oder die internationale Nummerierung verwendet, entscheidet der persönliche Geschmack. Auf der Webseite des Hefei Huang Verlags findet sich eine PDF-Version beider Spielbretter zum Download:

www.huang-verlag.de/index-Dateien/xiangqi.htm

5.3.2 Spielsteine

Wird ein Xiangqi aus Papier hergestellt, so empfiehlt es sich, Papier mit einem Gewicht von mindestens 120 g zu verwenden. Ein Karton von 200 g ist ideal. Wer will, kann für die Figuren der roten und der schwarzen Seite Papier unterschiedlicher Grundfarbe verwenden. Um eine Druckvorlage für die Spielsteine zu erhalten, gibt es drei Möglichkeiten:

- Eigenes Design
- Download von www.huang-verlag.de/index-Dateien/xiangqi.htm
- Verwendung der beigefügten Kopiervorlage

5.3.2.1 Eigenes Design

Wer die Spielsteine mit eigenem Design herstellen möchte, benötigt eine Grafiksoftware, aber auch Powerpoint genügt für einfache Ansprüche. Für Deutsche ist allerdings die größte Hürde, zu den chinesischen Schriftzeichen zu kommen. Auf einem Windows-PC können chinesische Schriftzeichen auch mit der deutschen Tastatur eingegeben werden, wenn der asiatische Schriftsatz aktiviert ist. Der asiatische Schriftsatz ist kostenlos bei jedem deutschen Windows dabei, aber normalerweise deaktiviert. Um Chinesisch zu schreiben, sind die folgenden vier Schritte notwendig, siehe Abbildung 32 bis Abbildung 35. Die Schritte 1 und 2 müssen nur einmal durchgeführt werden, um den PC vorzubereiten. Die Schritte 3 und 4 sind bei jedem Einsatz der chinesischen Schrift notwendig.

- Schritt 1 – Ostasiatische Sprachen installieren (Abbildung 32)
- Schritt 2 – Chinesische Tastatur hinzufügen (Abbildung 33)
- Schritt 3 – Chinesische Sprache auswählen (Abbildung 34)
- Schritt 4 – Chinesisch schreiben (Abbildung 35)

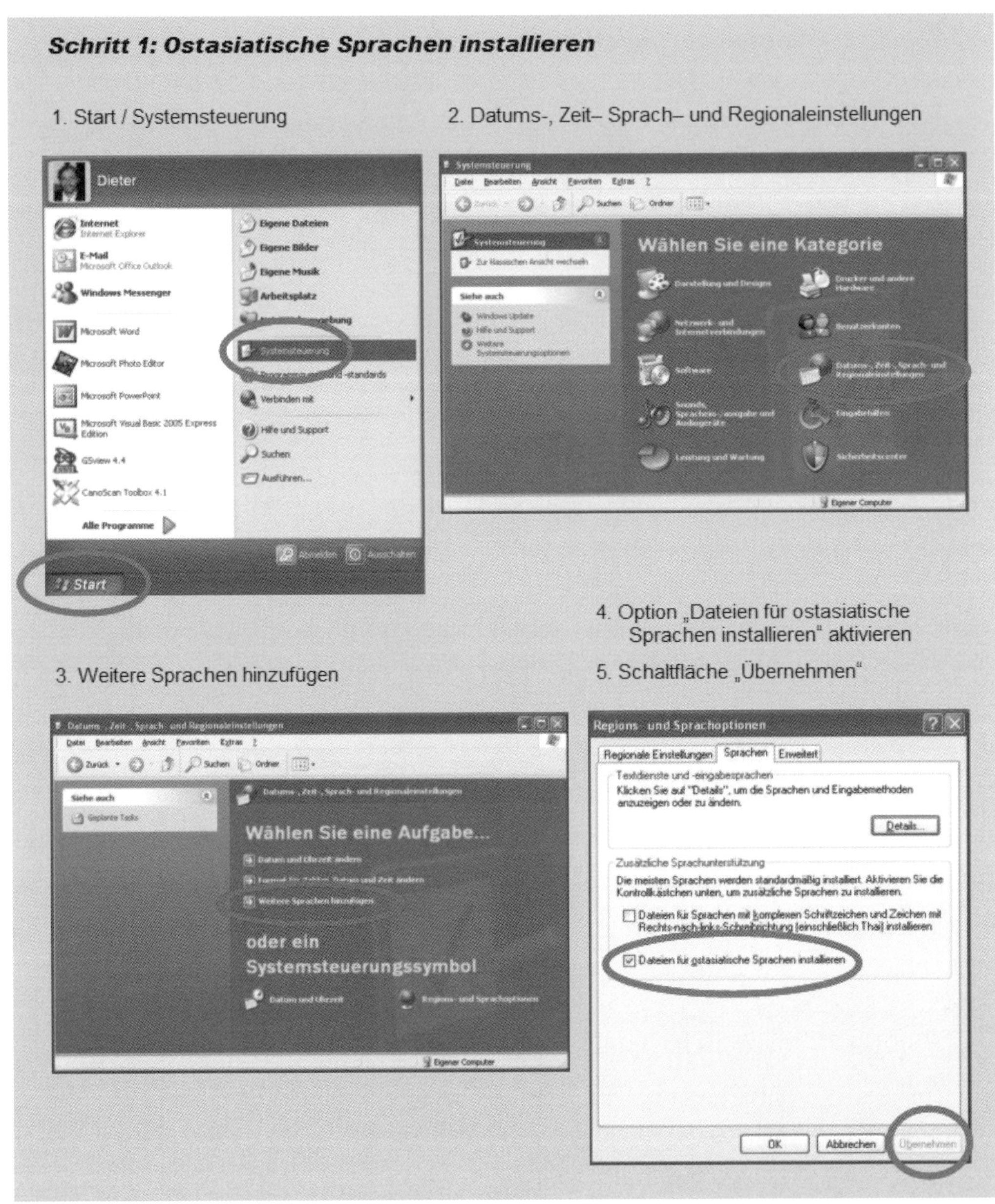

Abbildung 32: Ostasiatische Sprachen installieren

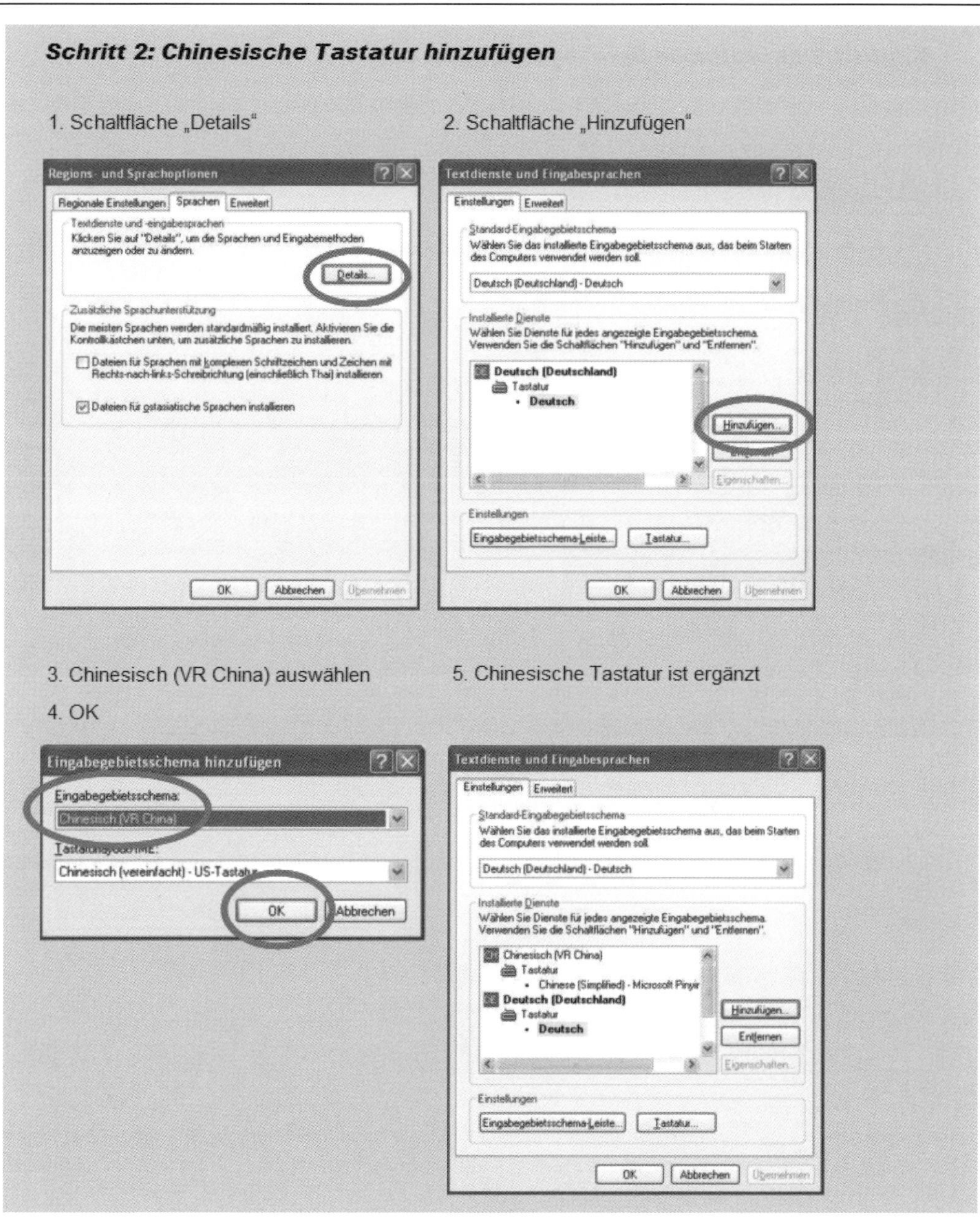

Abbildung 33: Chinesische Tastatur hinzufügen

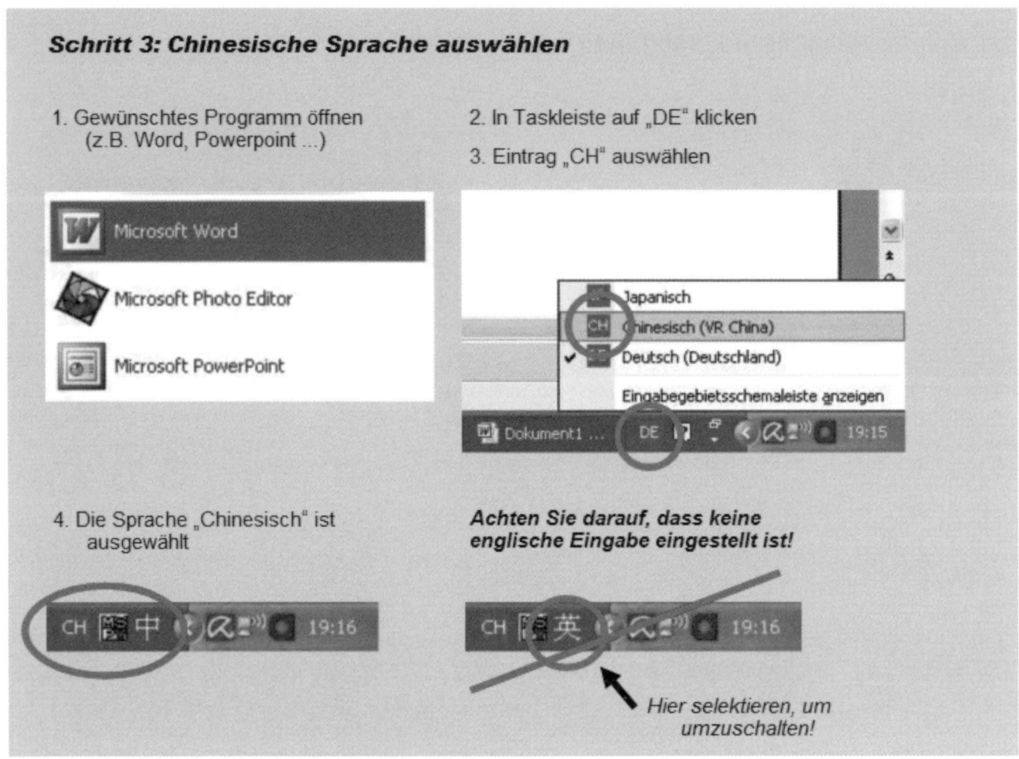

Abbildung 34: Chinesische Sprache auswählen

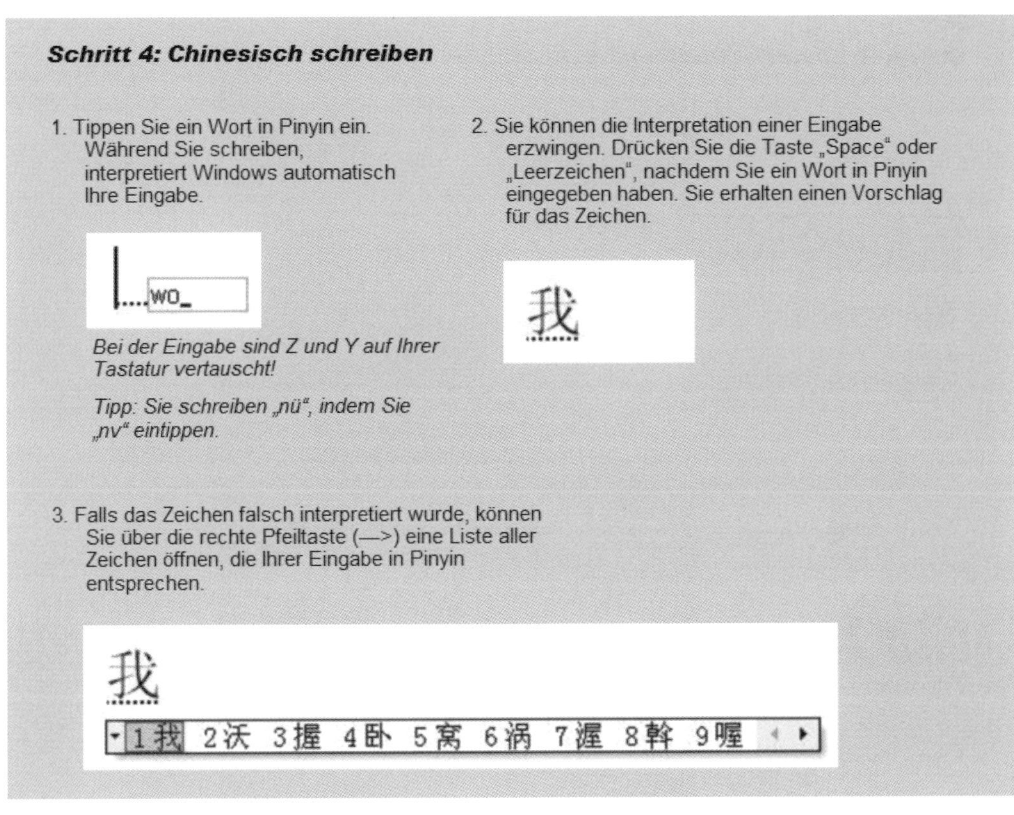

Abbildung 35: Chinesisch schreiben

Quelle: www.sprachschule-huang.de, Rubrik Tipps & Tricks

Um zu den Zeichen der Spielsteine zu kommen, muss unter Schritt 4 die chinesische Umschrift (Pinyin) eines Spielsteins eingegeben werden. Ein Beispiel für das Pinyin der Kanone ist „pao“. Die Bezeichnung der Spielsteine in Pinyin finden Sie in den Übersichtstabellen der Abschnitte 1.2.2 bis 1.2.8.

5.3.2.2 Kopiervorlage

Die Kopiervorlage für die Spielsteine des chinesischen Schachs soll dem Leser die Möglichkeit geben, auch ohne ein eigenes Design ein Schachspiel nachzubauen. Um die Kopiervorlage zu verwenden, kann diese

- aus dem Buch kopiert oder
- von der Webseite www.huang-verlag.de/index-Dateien/xiangqi.htm heruntergeladen und ausgedruckt werden.

Im Folgenden finden Sie eine Vorlage für sämtliche Spielsteine.

Befehlshaber (1 Stück): General (1 Stück):

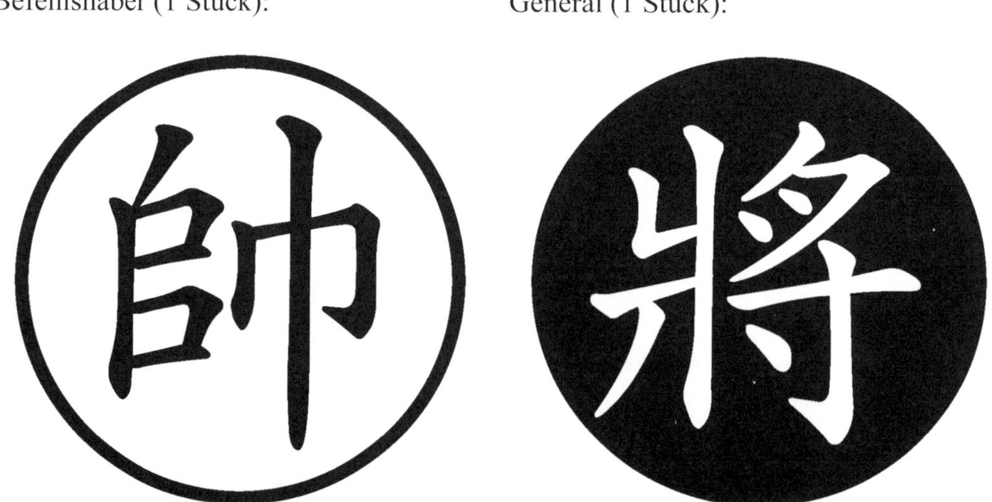

Seite 1x kopieren

Beamter (2 Stück):

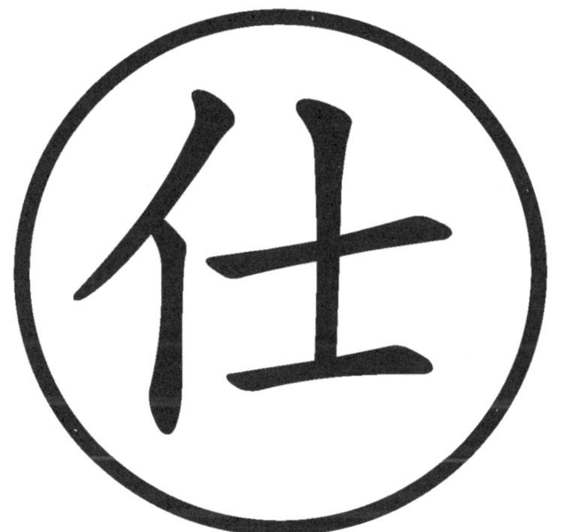

Leibwache (2 Stück):

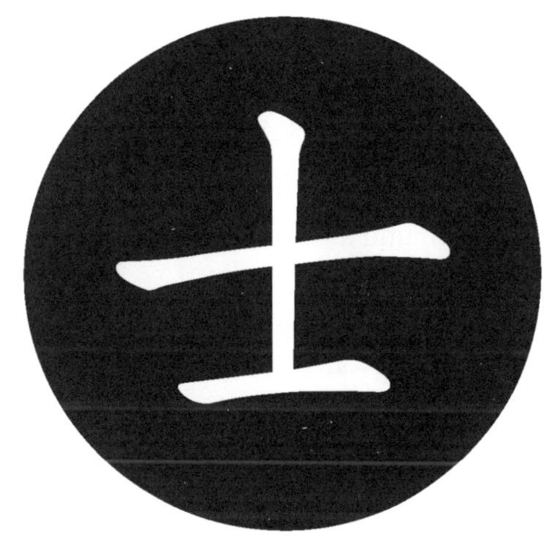

Minister (2 Stück):

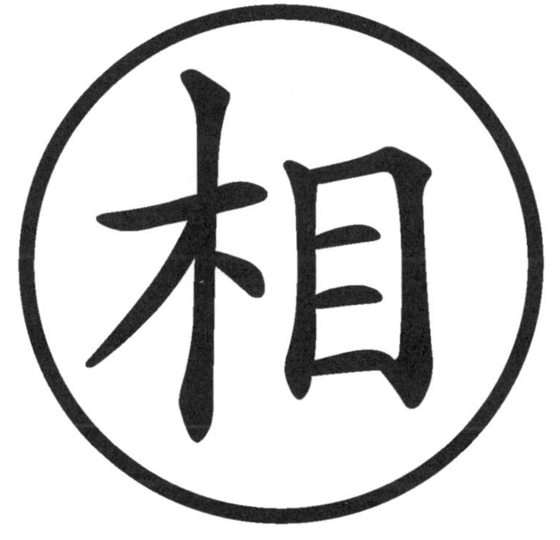

Elefant (2 Stück):

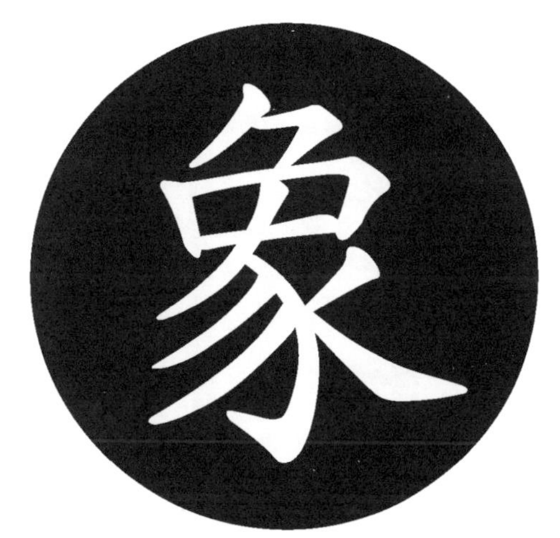

Seite 2x kopieren

Pferd (2 Stück):

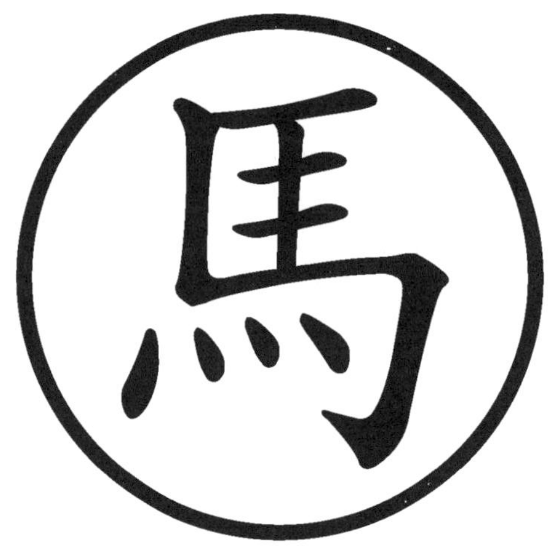

Pferd (2 Stück):

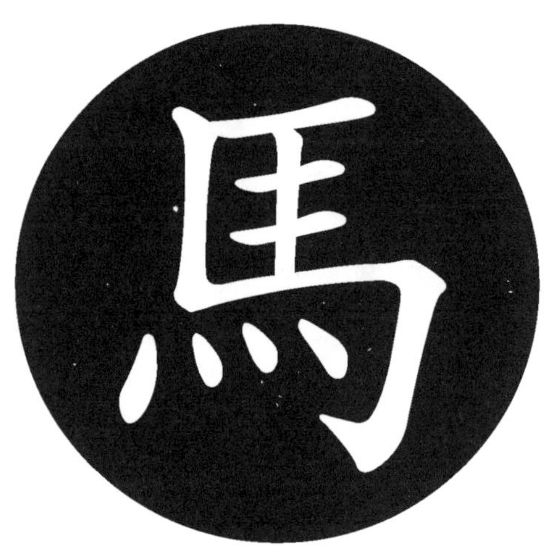

Streitwagen (2 Stück):

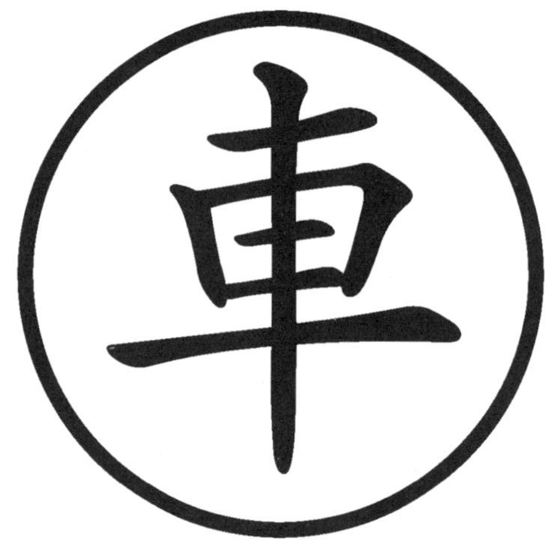

Streitwagen (2 Stück):

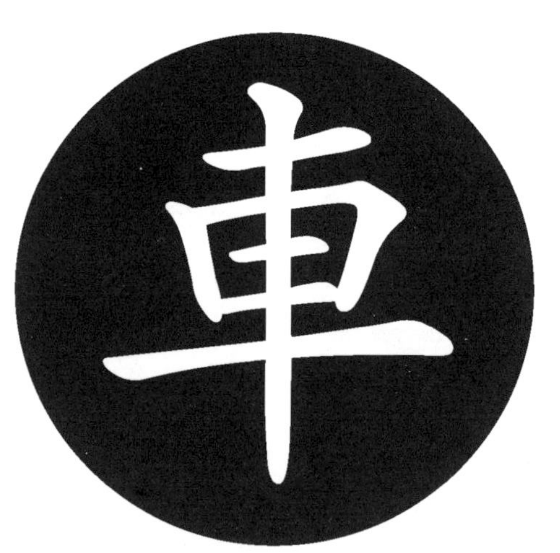

Seite 2x kopieren

Kanone (2 Stück):

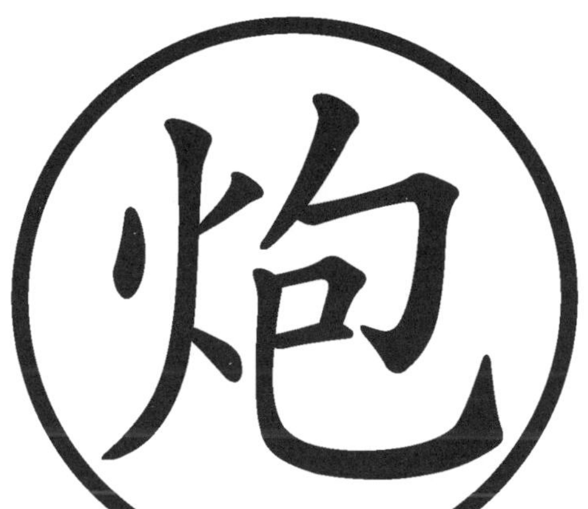

Kanone (2 Stück):

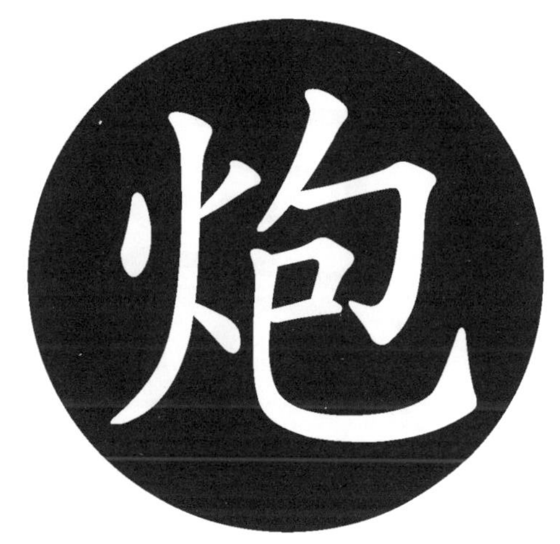

Waffe (5 Stück):

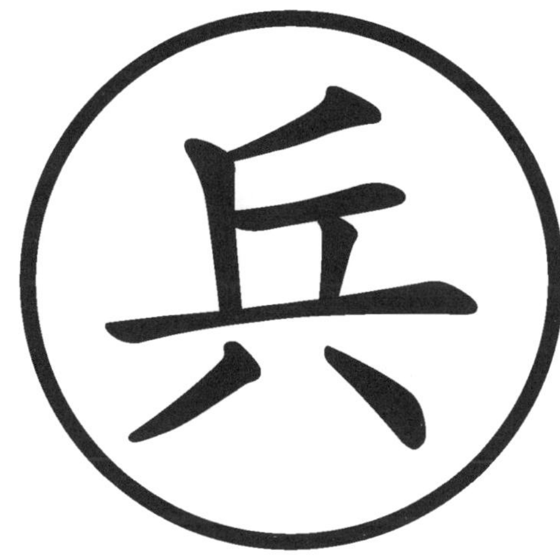

Soldat (5 Stück):

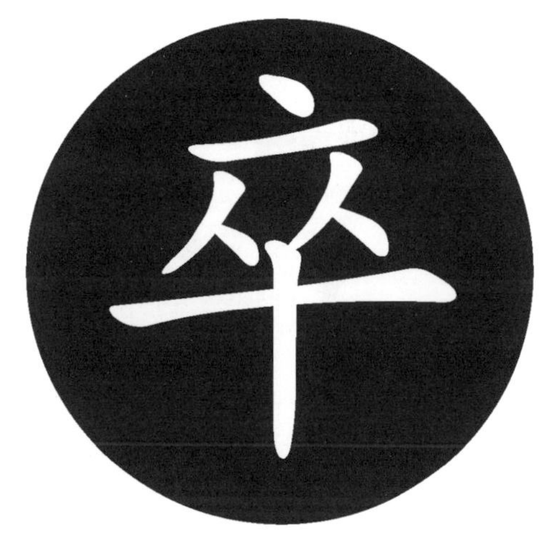

Seite 2x kopieren

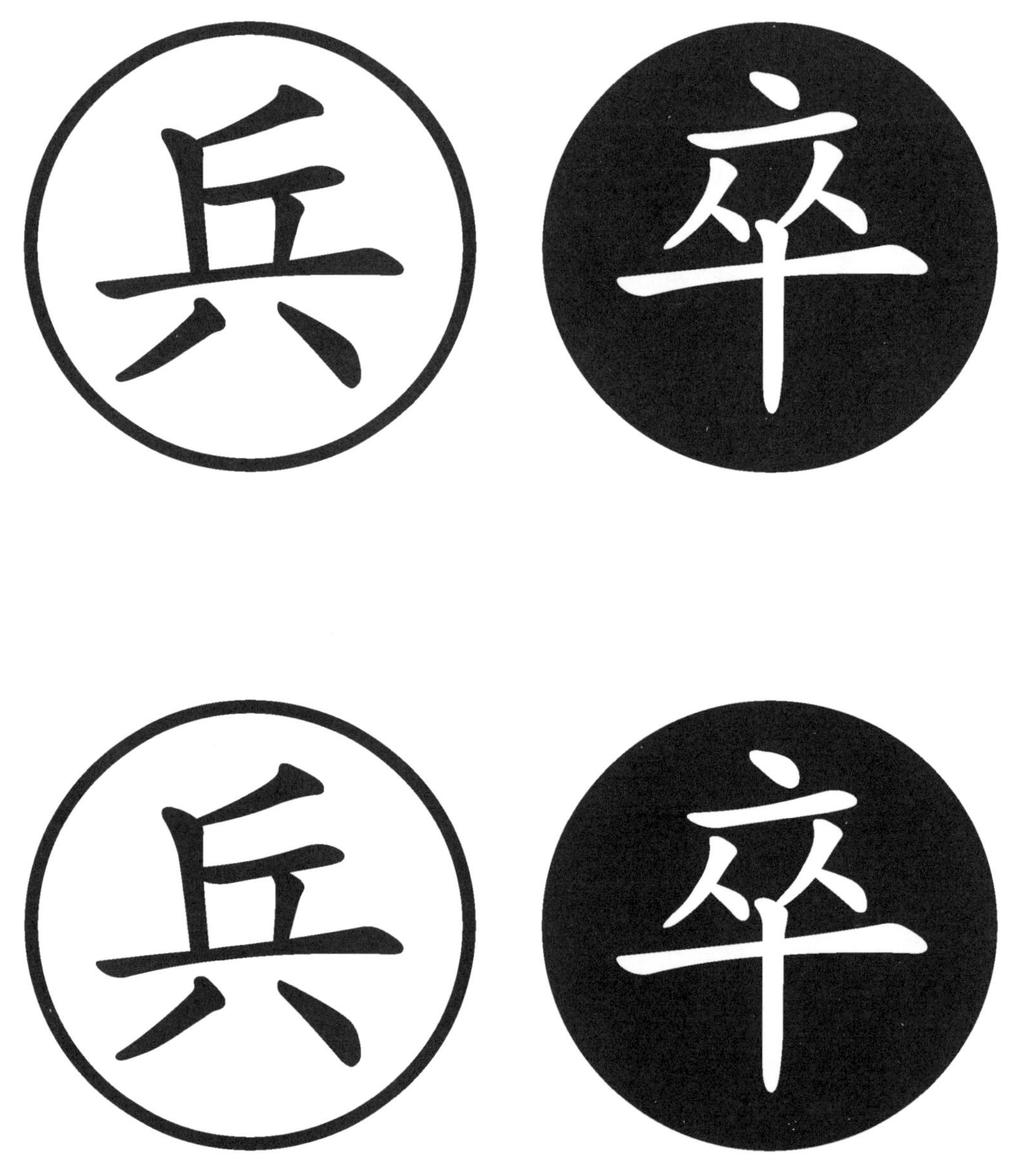

Seite 2x kopieren

6 Literaturverweise

[1]

Sun Tsu

Wahrhaft siegt wer nicht kämpft – Die Kunst der richtigen Strategie

Verlag Hermann Bauer

6. Auflage, 1999

[2]

朱宝位

象棋入门

安徽科学技术出版社

18. Auflage, 2009

[3]

Alex Liu

How To – Chinese Chess for Beginners

Foreign Language Press

1. Auflage, 2005

Weitere Produkte aus unserem Verlagsprogramm:

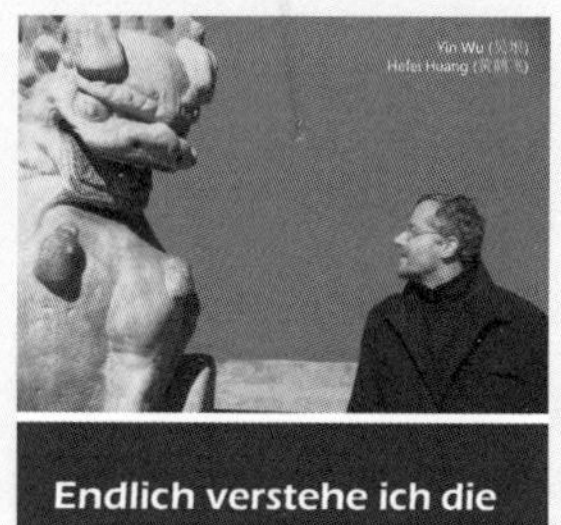

Endlich verstehe ich die Chinesen!

Lesebuch auf Deutsch und Chinesisch über den Kulturunterschied zwischen Deutschen und Chinesen

Wer mit Chinesen zu tun hat, weiß, dass der gemeinsame Umgang im Alltag und Beruf nicht immer einfach ist. 20 zweisprachige Geschichten aus verschiedenen Lebensbereichen greifen dieses Thema auf und schildern auf plastische Weise, wie sich Deutsche und Chinesen gegenseitig missverstehen können. Im Anschluss jeder Geschichte werden Gründe für den Unterschied und Verhaltenstipps in Form von Fragen und Antworten gegeben. Das Buch kann komplett auf Deutsch oder Chinesisch gelesen werden. Wer das Buch auf Chinesisch lesen möchte, sollte Sprachkenntnisse auf dem Niveau des HSK 3 besitzen. Dem Buch liegt eine MP3-Audio-CD bei.

ISBN 978-3-940497-66-6, 14,90 €, 160 Seiten, inkl. Audio-CD

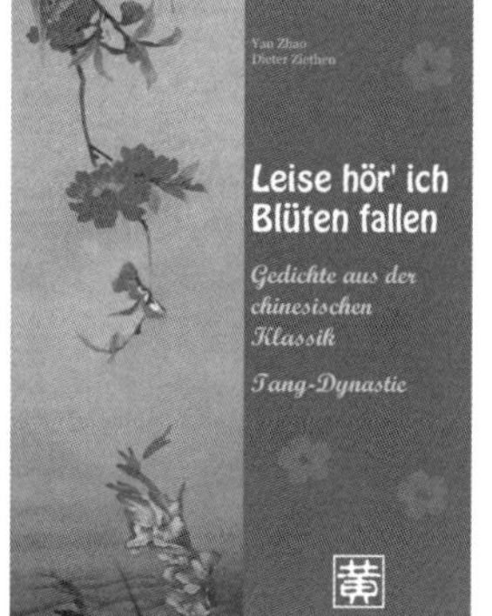

Leise hör' ich Blüten fallen

Gedichte aus der chinesischen Klassik – Tang-Dynastie

China erlebte zur Zeit der Tang-Dynastie von 618 bis 907 n. Chr. eine kulturelle und wirtschaftliche Blüte. Die Weisheiten der chinesischen Klassik vereinen sich in Reimen auf Deutsch und Chinesisch zu einer Melange aus Gefühl, Sehnsucht und Harmonie. Ergänzt werden die empfindsamen Gedichte durch kurze Darstellungen der Dichter und ihres Lebensumfeldes. Alle Gedichte sind zweisprachig in Deutsch und Chinesisch. Dem Buch ist eine Audio-CD mit allen Gedichten des Buchs beigelegt.

ISBN 978-3-940497-59-8, 14,90 €, 136 Seiten, inkl. Audio-CD

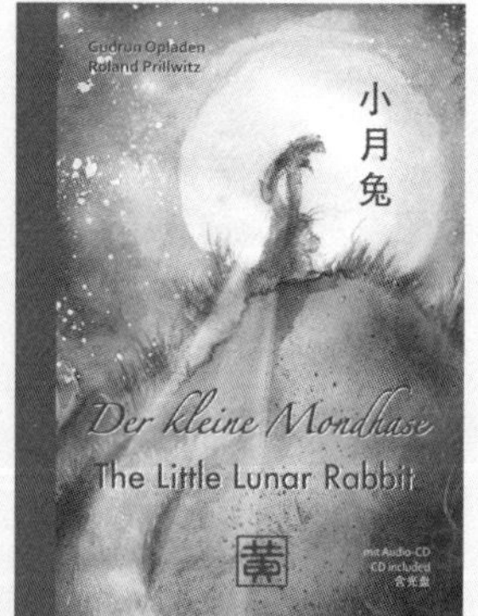

Der kleine Mondhase - Little Lunar Rabbit - 小月兔

Der kleine Tu Tu ist weiß wie Schnee, hat rote Augen und seine Haut ist sehr empfindlich – Tu Tu ist ein Albino-Häschen. Weil er nicht so aussieht wie sie, ärgern ihn seine Brüder und Schwestern. Tu Tu ist oft allein und traurig. Bis zu dem Tag, an dem ihn die Kinder des armen Reisbauern Li entdecken und sich ganz sicher sind, dass er der echte Mondhase ist…

Die Geschichte ist liebevoll auf Deutsch, Englisch und Chinesisch erzählt und mit handgezeichneten Bildern illustriert. Eine dreisprachige Audio-CD ergänzt das Hardcover-Bilderbuch zu einem Hörbuch.

ISBN 978-3-940497-21-5, 11,80 €, 26 Seiten, inkl. Audio-CD

Bestellung:

www.huang-verlag.de

kundenbetreuung@huang-verlag.de